Raphaele Potts

Akzeptanzprobleme von Tourismus in Mecklenburg-Vorpommern

Raphaele Potts

Akzeptanzprobleme von Tourismus in Mecklenburg-Vorpommern

Am Beispiel der Insel Usedom

Lehrbuchverlag

Imprint

Cover image: www.ingimage.com

Publisher:
Der Lehrbuchverlag
is a trademark of
International Book Market Service Ltd., member of OmniScriptum Publishing Group
17 Meldrum Street, Beau Bassin 71504, Mauritius

Printed at: see last page
ISBN: 978-620-0-27302-4

Zusammenfassung

Der Akzeptanzbegriff wird erst seit den 1980er Jahren sowohl in der Wissenschaft als auch in der Alltagssprache verwendet. Der Begriff Akzeptanz kann als Bewertung und Reaktion auf Handlungen und Entscheidungen anderer definiert werden (Ulrich, 2008). Der Ursprung der Akzeptanzforschung lag in den 1970er Jahren in der Techniksoziologie (Degele, 2002) und gewann dann an Bedeutung. Ein gewisses Maß an Akzeptanz ist grundlegende Voraussetzung dafür, ob politische Institutionen, oder auch gesellschaftliche demokratische Ordnungen funktionieren (Ullrich, 2008). Bei dem Akzeptanzbegriff wird zwischen einem Akzeptanzobjekt (z.B. bestimmte Meinung oder Verhalten), welches akzeptiert oder abgelehnt wird und dem Akzeptanzsubjekt (Entscheidungs-betroffene), welches die Akzeptanz aufbringt, unterschieden. Diese stehen in einem Akzeptanzkontext. (Lucke, 1995)

Die Akzeptanz einer Person hängt von vielen Faktoren ab, die miteinander verflochten sind. Der Ablauf der Akzeptanzentwicklung ist sehr vielseitig und wird von unabhängigen Variablen beeinflusst, wie beispielsweise Faktoren auf biografischer oder Verhaltens- und Wertebene. Akzeptanzfaktoren für Akzeptanzdefizite können einfache Faktoren wie das Alter oder die Herkunft sein, aber auch emotionale und kulturelle Aspekte.

Der Tourismus hat sich weltweit zu einer Wachstumsindustrie entwickelt und zählt zu einem der größten Wirtschaftszweige. Dadurch ist ein wachsender Teil der Bevölkerung vom Tourismus abhängig. Neben positiven Auswirkungen des Tourismus können allerdings auch negative Auswirkungen, wie Massentourismus und damit einhergehende Probleme, wie die Beeinträchtigung der naturräumlichen Gegebenheiten und sinkendes Wohl der lokalen Bevölkerung auftreten. Die Bevölkerung spielt eine große Rolle in der Tourismusentwicklung.

Nicht nur weltweit, sondern auch in Deutschland steigen die Besucherzahlen. Das Bundesland Mecklenburg-Vorpommern liegt hier beim Tourismuswachstum an erster Stelle, wozu im großen Maße auch die Insel Usedom beiträgt. Im Jahr 2016 reisten über eine Millionen UrlauberInnen nach Usedom und für 2017 wurde ein weiterer Anstieg von acht Prozent prognostiziert. Die steigenden Besucherzahlen scheinen jedoch nicht von der gesamten lokalen Bevölkerung als positiv angesehen zu werden.

Mit steigenden Besucherzahlen in beliebten Reisezielen hat das Thema der Akzeptanzforschung deutlich an Bedeutung gewonnen. Ziel dieser Forschungsarbeit ist es, sich mit dem Thema Akzeptanzforschung im touristischen Kontext auseinanderzusetzen. Wegen der stark ansteigenden Touristenzahlen wurde der deutsche Teil der Insel Usedom als Fallstudie ausgewählt. Daraus entstand die Forschungsfrage dieser Arbeit: *„Wie ist die Akzeptanz der lokalen Bevölkerung auf Usedom dem Tourismus gegenüber?"*.

Für eine differenziertere Beantwortung der Forschungsfrage wurden folgende Hypothesen aufgestellt:

1. *Die lokale Bevölkerung ist dem Tourismus gegenüber positiv eingestellt.*

2. *Bei der im Tourismus tätigen Bevölkerung ist eine größere Akzeptanz dem Tourismus gegenüber zu erkennen, als bei den Teilen der Bevölkerung, die nicht im Bereich Tourismus tätig sind.*
3. *Je stärker die lokale Bevölkerung auf Usedom negativ vom Tourismus betroffen ist, desto niedriger ist deren Akzeptanz gegenüber dem Tourismus.*
4. *Je mehr die BürgerInnen sich in Entscheidungen auf der Insel einbezogen fühlen, desto größer ist ihre Akzeptanz.*
5. *Die Tourismusakzeptanz unterscheidet sich nach soziodemographischen Faktoren.*

Für die Beantwortung der Forschungsfrage und der Hypothesen diente ein quantitativer Forschungsansatz in Form eines Online-Fragebogens als Grundlage. Der Fragebogen wurde auf dem Hintergrund der zunächst durchgeführten Literaturrecherche angefertigt und dann über das kostenfreie Online-Tool LamaPoll erstellt. Der Link des Fragebogens wurde dann in verschiedenen Facebook-Gruppen und einer Xing-Gruppe, die einen Bezug zu Usedom aufwiesen, veröffentlicht. Der Fragebogen stand für zwei Wochen in den Gruppen zur Beantwortung bereit. Die Analyse erfolgte anschließend über das Programm LamaPoll, welches die Daten der Fragebögen automatisch für die Auswertung aufbereitet und ausgewertet hat, wie auch eine automatische Fehlerkontrolle und -bereinigung durchführte.

Die Ergebnisse zeigen, dass die EinwohnerInnen von Usedom prinzipiell keine Abneigung gegen Touristen per se haben. Problematisch sind für sie die Anzahl der BesucherInnen und die

Folgen, die Massentourismus für den Wohnungsmarkt oder den Verkehr hat. Auf Grund neuer Ferienwohnungen und Hotelanlagen schwindet der bezahlbare Wohnraum für die lokale Bevölkerung. Da die BesucherInnen meist mit dem Auto anreisen, bilden sich in der Hauptsaison außerdem kilometerlange Staus auf der Insel. Die Auswirkungen greifen stark in ihren Alltag ein und sorgen für Unzufriedenheit. Auch wenn den BürgerInnen bewusst ist, dass der Tourismus viel Gutes für die Insel bringt, sagen viele der befragten Personen, dass der Großteil der lokalen Bevölkerung nicht vom Tourismus profitiert. Zu den weiteren Problemen, die von den TeilnehmerInnen der Umfrage erläutert werden, gehören das niedrige Lohnniveau, sowie ein fehlendes Angebot für die lokale Bevölkerung.

Unterschiede in der Einstellung und Akzeptanz zum Tourismus sind gerade zwischen den verschiedenen Altersgruppen zu erkennen. Es wird sichtbar, dass die jüngeren EinwohnerInnen sich negativer über den Tourismus äußern. Mit steigendem Alter wächst die Akzeptanz gegenüber Tourismusentscheidungen und dem Tourismus im Allgemeinen. Die demographischen Merkmale, wie auch das Alter, nehmen jedoch prinzipiell geringen Einfluss auf die Akzeptanz. Die Personen – unabhängig ihres demographischen Hintergrunds – die angeben negativ oder positiv vom Tourismus beeinflusst zu werden, weisen größere Unterschiede in ihrer Tourismusakzeptanz auf. Die Beeinflussung kann demnach über das Geschlecht oder das Alter der befragten Personen hinweg durchaus ähnlich sein.

Nach dem achtstufigen Model von Sauer et al. (2005), welches die unterschiedlichen Ausprägungen zwischen Akzeptanz und Nicht-Akzeptanz aufzeigt, lässt sich die Bevölkerung in die Stufen

„Zwiespalt“ (weder Akzeptanz noch Inakzeptanz), „Gleichgültigkeit“ (keine subjektive Betroffenheit; weder Akzeptanz noch Inakzeptanz), „Duldung“ (geringe Akzeptanz) oder „konditionale Akzeptanz“ (geringe Akzeptanz, die an Bedingungen gekoppelt ist), je nach Ausprägung ihrer Meinungen, einordnen. Eine vollkommene Zustimmung (Akzeptanz) oder Ablehnung (Inakzeptanz) konnte nicht festgestellt werden. Diese Forschungsarbeit zeigt: Die Übergänge zwischen den Stufen sind sehr fließend und nicht eindeutig voneinander abgrenzbar.

Es lässt sich belegen, dass Tourismusakzeptanz auch in Destinationen mit einer relativ großen Abhängigkeit vom Tourismus und hohen Besucherzahlen nicht automatisch gegeben ist (Herntrei, 2014). Die Tourismusakzeptanz ist von vielen Faktoren abhängig, die miteinander verflochten sind. Dazu zählen beispielsweise die persönliche Betroffenheit, Erwartungen der BewohnerInnen, Einschränkungen durch den Tourismus oder Partizipationsmöglichkeiten.

Auf Grund der Ergebnisse dieser Forschungsarbeit können Handlungsempfehlungen ausgesprochen werden, die möglicherweise die Akzeptanz der lokalen Bevölkerung gegenüber dem Tourismus erhöhen können. Hier wird besonders an einen besseren **Informationenaustausch** zwischen der Bevölkerung und EntscheidungsträgerInnen appelliert. Außerdem werden **Partizipationsansätze** empfohlen. Partizipationsverfahren können einen positiven Einfluss auf die betroffene Bevölkerung haben, auch wenn diese dem Entscheidungsergebnis nicht vollkommen zustimmt (Stoll, 1999). Die Akzeptanz der Bevölkerung ist eine Voraussetzung für eine erfolgreiche Tourismusentwicklung (Herntrei, 2014). Die Möglichkeit am Entscheidungsprozess beteiligt zu sein reicht häufig schon aus und kann sich positiv auf die Akzeptanz auswirken.

Abstract

Since the 1990s the term acceptance is used in science as well as everyday language. Acceptance can be defined as an evaluation and reaction to actions and decisions of others (Ulrich, 2008). The acceptance research arose in the technology sociology in the 1970s (Degele, 2002) and then became more important. A certain degree of acceptance is the essential requirement to see whether political institutions or other social democratic organizations work (Ulrich, 2008). The term acceptance can be differentiated between an acceptance object (e.g. certain opinion or action), which is accepted or declined and the acceptance subject (somebody affected by a decision), which has to raise acceptance. Both stand in an acceptance context. (Lucke, 1995)

The acceptance of a person depends on many factors that are interdependent with each other. The process of developing acceptance is very versatile and is influenced by independent variables such as biographic or behavior and value factors. Acceptance factors for acceptance deficits can be simple factors such as age or heritage, but also emotional and cultural aspects.

Tourism has developed into a growth industry worldwide and adds to one of the biggest economic sectors. Thus, a growing part of the population depends on tourism. Apart from positive impacts of tourism, also negative impacts such as mass tourism and problems to come along with it such as drawbacks of natural circumstances and a decrease in the well-being of the local population can arise. The local population plays a big role in tourism development.

Tourist numbers are rising not only worldwide, but also in Germany. The federal state of Mecklenburg-West Pomerania finishes first in terms of tourism growth. The island Usedom contributes to this to a great extent. In 2016 more than one million tourists travelled to Usedom. This number was expected to rise eight percent in 2017. However, the rising tourist numbers are not perceived as positive by the entire local population.

With growing tourist numbers in popular destinations, the topic of acceptance research became of more importance. The aim of this research study is to deal with the topic of acceptance research in general and in a tourism context. Because of growing tourist numbers, the island of Usedom was chosen as a case study. Based on that, the following research question developed: *"What is the acceptance of the local population on Usedom towards tourism?"* In order to get more insights into the main research concepts, the following hypotheses were established:

1. The local population has a positive attitude towards tourism.
2. The part of the population that works in tourism shows greater acceptance towards tourism, than the part that is not working in tourism.
3. The stronger the local population on Usedom is influenced negatively by tourism, the lower is their acceptance towards tourism.
4. The more the citizens are included in the decision-making process on the island, the greater is their acceptance.
5. The acceptance of tourism differs based on sociodemographic factors.

In order to answer the research question and the hypotheses, a quantitative research method in terms of an online questionnaire was chosen. The questionnaire was based on the literature review and then transferred into the online-tool LamaPoll. The URL of the questionnaire was then distributed in several groups on Facebook and one Xing group, that all bared relation with Usedom. The questionnaire stayed online for two weeks. The analysis was carried out with the program LamaPoll, which automatically prepared the data for evaluation and conducted error checking.

The results show, that the inhabitants of Usedom do not show antipathy against tourists in general. What irritates them is the high number of tourists and the consequences that come with it. Because more and more hotels and holiday homes are built, affordable housing for the local population is decreasing. Moreover, mile long traffic jams are developing during high season, because most of the tourists arrive by car. The impacts greatly influence the residents in their everyday life and cause discontent. Even though the local population knows the positive effects tourism has on the island, many participants of the survey said, that the majority of the local population does not benefit from tourism. Other problems that have been named by participants were low wage level as well as missing offers for the population.

Differences in the acceptance towards tourism could be seen between the different age groups. It can be stated that the younger part of the population showed a more negative attitude towards tourism. The acceptance towards tourism decisions and tourism in general seems to increase with rising age. The demographic features however do not seem to have the greatest impact on acceptance. People, independent of their demographic background, that state they are influenced negatively or positively by tourism, show greater differences in the acceptance of tourism.

Based on the Model by Sauer et al. (2005), which shows the development between acceptance and aversion in eight stages, the local population of Usedom can be classified in four stages of the model: "Antagonism" (neither acceptance nor aversion), "Indifference" (no subjective consternation; neither acceptance nor aversion), "Toleration" (low acceptance) or "Conditional Acceptance" (low acceptance that is linked with requirements), depending on their opinion development. A complete approval (acceptance) or denial (aversion) could not be determined. The transition between the different stages is fluent and not clearly definable from each other.

It can be stated that acceptance in tourism is not automatically given in destinations with a high dependency on tourism and high tourist numbers (Herntrei, 2014). Tourism acceptance depends on a number of factors that are jointly interwoven. Examples are personal consternation, inhabitants' expectations, limitations through tourism or possibilities of participation.

Based on the findings, a number of recommendations can be given. It is important to improve the exchange of information between the local population and policy makers. Moreover, participation approaches are recommended. Participation procedures can have a positive impact on the affected population, even though they might not completely agree with the decisions made (Stoll, 1999). Residents' acceptance is a requirement for successful tourism development (Herntrei, 2014). The possibility of being part of the decision-making process often suffices and can have positive impacts on the acceptance.

Inhaltsverzeichnis

Abbildungsverzeichnis

Tabellenverzeichnis

Abkürzungsverzeichnis

MV	Mecklenburg-Vorpommern
AfD	Alternative für Deutschland
NPD	Nationaldemokratische Partei Deutschland
UBB	Usedomer Bäderbahn

1 Einleitung

1.1 Hintergrund der Arbeit

In den vergangenen Jahren ließ sich ein deutlicher Umschwung im Tourismus gerade in Europa und Deutschland erkennen. Durch Unsicherheiten über die Entwicklung in globalen Krisengebieten und eine unklare Situation im Mittelmeerraum gab es bei deutschen TouristenInnen einen Wandel in der Wahl der Urlaubsdestinationen. UrlauberInnen mieden Reiseziele wie die Türkei oder Ägypten. Dadurch wichen viele UrlauberInnen auf die traditionellen Urlaubsländer wie Spanien oder Italien aus. Beispielsweise in der spanischen Großstadt Barcelona und auf der spanischen Insel Mallorca sorgte die vermehrte Zahl an BesucherInnen für heftige Proteste von Seiten der lokalen Bevölkerung (Müller U. , 2017)[1]. Die oft jungen StädtetouristInnen sorgen für überfüllte Altstädte, hinterlassen ihren Müll und kommen häufig in Airbnb-Wohnungen unter, aus denen sich zuvor die lokale Bevölkerung zurückziehen musste (Rein & Muthesius, 2017).

Aber auch mit Blick auf Deutschland lässt sich erkennen, dass die Tourismuszahlen steigen. Besonders Mecklenburg-Vorpommern liegt beim Tourismuswachstum an erster Stelle. 2016 gab es über 30 Mio. Übernachtungen im nordöstlichen Bundesland. Gerade auf der Ostseeinsel Usedom wurden die meisten dieser Übernachtungen verbucht (Tourismusverband Mecklenburg-Vorpommern, 2016). Für

---

[1] Diese Forschungsarbeit nutzt die amerikanische Zitierweise APA (American Psychology Association). Bezieht sich eine Referenz auf ein Wort oder einen Satz steht sie direkt dahinter im Text vor dem Satzzeichen. Gilt die Referenz für den Inhalt eines ganzen Absatzes, steht sie hinter dem abschließenden Satzzeichen.

die Insel Usedom, mit ihrer traditionellen Bäderkultur, ist der Tourismus der Hauptwirtschaftsfaktor, denn bis zu 85 Prozent der lokalen Bevölkerung lebt direkt oder indirekt vom Tourismus. In den vergangenen Jahren machte Usedom immer wieder durch die stetig wachsenden Gästezahlen auf sich aufmerksam. Im vergangenen Jahr 2016 erreichte die Insel 1.086.000 Mio. Ankünfte. Dies bedeutete einen Anstieg von 6,7 Prozent im Vergleich zum Vorjahr und auch für 2017 wurde ein Anstieg der Gästezahlen von acht Prozent prognostiziert. Als eine der beliebtesten Urlaubsregionen entwickelt sich die Insel immer weiter, um den Tourismus weiter zu beleben.

Die Insel Usedom stand allerdings nicht nur durch ihre Attraktivität als Tourismusdestination in der Öffentlichkeit, sondern machte auch auf Grund politischer Ereignisse im Jahr 2016 Schlagzeilen. Bei den Landtagswahlen im September 2016 wählten viele BürgerInnen die rechtspopulistische Partei AfD und immer wieder wurde dieses Wahlergebnis mit einer Unzufriedenheit in und Protest von der lokalen Bevölkerung ergründet. Die Autorin dieser Forschungsarbeit beschäftigte sich in einer früheren Projektarbeit mit dem Thema „wie rechtspopulistische Tendenzen in Politik und Gesellschaft den Tourismus beeinflussen". Bei der dafür durchgeführten Medienanalyse, von hauptsächlich Zeitungsartikeln, stellte sich abschließend die Frage warum die Menschen auf Usedom scheinbar sehr unzufrieden sind. (Potts, 2017)

Auch wenn es schwierig ist und nur mit Vorsicht passieren sollte eine Abhängigkeit des Tourismus mit den Wählerzahlen der AfD herzustellen, legte das Interesse für die Ergründung der

Unzufriedenheit in der lokalen Bevölkerung den Grundstein für diese Arbeit. Es sei jedoch gesagt, dass hier nicht ein Zusammenhang zwischen den AfD-Wählerzahlen und der Inakzeptanz dem Tourismus gegenüber hergestellt werden soll. Es soll lediglich ergründet werden, inwiefern die Unzufriedenheit der BürgerInnen mit dem Tourismus zusammenhängt und wie die Akzeptanz der lokalen Bevölkerung dem Tourismus gegenüber ist, da von ihnen immer wieder Kritik gegenüber dem Tourismus entgegenschlägt (Potts, 2017). Zu manch einer Verwunderung ist dies auch in den Regionen in Deutschland der Fall, in denen ein Großteil der Bevölkerung sogar vom Tourismus abhängig ist.

Dazu wurde die Literaturgrundlage der Akzeptanzstudien gewählt, die sich in Deutschland weitestgehend auf die Akzeptanz der lokalen Bevölkerung zu Großschutzgebieten bezieht. Akzeptanzstudien, die sich speziell auf die Tourismusentwicklung in Deutschland und gerade in Mecklenburg-Vorpommern beziehen, fehlen bis jetzt.

1.2 Zielsetzung

Ziel dieser Forschungsarbeit ist die Auseinandersetzung mit dem Thema Akzeptanzforschung im Allgemeinen und im touristischen Kontext, worauf die theoretische Grundlage dieser Arbeit basiert. Aufgrund mangelnder Akzeptanzstudien im Tourismus, gerade in Deutschland, setzt sich diese Arbeit speziell mit einer praktischen Fallstudie auseinander, die die Erfassung der Akzeptanz der lokalen Bevölkerung auf dem deutschen Teil von Usedom, Mecklenburg-Vorpommern, dem Tourismus gegenüber erzielt. Die Akzeptanz soll mittels eines quantitativen Forschungsansatzes ermittelt werden. Auf

Basis dessen sollen Handlungsempfehlungen für eine bessere Kommunikation von positiven Aspekten des Tourismus an die lokale Bevölkerung der Insel entwickelt werden. Nach ausführlicher Literaturrecherche fällt auf, dass es zu dem Thema Akzeptanz und Tourismus in Deutschland speziell keine Studien gibt, die als Sekundärliteratur verwendet werden können. **Das Ergebnis dieser Forschungsarbeit wird ein besseres Verständnis über die Zufriedenheit und die Bedürfnisse der lokalen Bevölkerung in einem Tourismus Hot Spot liefern.** Wie fühlen sich die BürgerInnen gesehen und eingebunden und wie empfinden sie den Tourismus auf ihrer Insel?

Die Forschungsfrage dieser Arbeit ist:
Wie ist die Akzeptanz der lokalen Bevölkerung auf Usedom dem Tourismus gegenüber?

Um mehr Einblick in das allgemeine Forschungskonzept zu bekommen und um die Forschungsfrage differenzierter beantworten zu können, wurden nach der Literatursichtung (Kapitel 2 und 3) folgende Hypothesen aufgestellt:

1. ***Die lokale Bevölkerung ist dem Tourismus gegenüber positiv eingestellt.***
2. ***Bei der im Tourismus tätigen Bevölkerung ist eine größere Akzeptanz dem Tourismus gegenüber zu erkennen, als bei den Teilen der Bevölkerung, die nicht im Bereich Tourismus tätig sind.***

3. ***Je stärker die lokale Bevölkerung auf Usedom negativ vom Tourismus betroffen ist, desto niedriger ist deren Akzeptanz gegenüber dem Tourismus.***
4. ***Je mehr die BürgerInnen sich in Entscheidungen auf der Insel einbezogen fühlen, desto größer ist ihre Akzeptanz.***
5. ***Die Tourismusakzeptanz unterscheidet sich nach soziodemographischen Faktoren.***

Eine genauere Erläuterung dazu folgt in Kapitel 4.2.

1.3 Methodik

Die Erhebung der Daten für diese Forschungsarbeit setzte sich aus zwei Schritten zusammen. Zuerst wurde Sekundärliteratur gesichtet, um bereits existierende Literatur zu den Themen Akzeptanz (im Tourismus) und der Insel Usedom zu finden. Die dafür verwendete Literatur findet sich in der Literaturauswertung in den Kapiteln zwei und drei. Die Literaturauswertung liefert die theoretische Grundlage für diese Arbeit und gibt Einsicht in die zuvor genannten Themenbereiche. Hierzu wurden akademische Bücher, Journale, Reisebücher und Zeitungsartikel als Hauptquellen genutzt.

Außerdem wurde eine quantitative Forschungsmethode im praktischen Einsatz auf der Insel Usedom angewendet, welche sich mit der lokalen Bevölkerung auseinandergesetzt hat. Dieser quantitative Ansatz bestand darin, eine Befragung unter der lokalen Bevölkerung zu ihrer Akzeptanz dem Tourismus gegenüber durchzuführen. Diese Methode wurde ausgewählt, um ein umfangreiches und eingehendes Stimmungsbild[2] der BürgerInnen zu erhalten. Dafür wurde zwei Wochen lang ein Online-Fragebogen in verschiedenen Facebook-Gruppen und einer Xing-Gruppe veröffentlicht, um in Kontakt mit der lokalen Bevölkerung zu treten. Da nur eine begrenzte Zeit für die Forschung zur Verfügung stand, stellte sich der quantitative Forschungsansatz als die effizienteste und informativste Option heraus. Der Fragebogen wurde auf der Grundlage der Sekundärliteratur und der zuvor aufgestellten Hypothesen entwickelt. Er hat die TeilnehmerInnen dazu aufgefordert, bestimmte Aussagen über den Tourismus auf Usedom auf einer Skala von eins bis vier zu bewerten; aber auch Fragen zur Einbindung der BürgerInnen in den Tourismus und weitere allgemeine Fragen zum Tourismus und gesellschaftlichen Geschehen auf der Insel wurden eingebunden. Eine genauere Erläuterung zu der verwendeten Methode findet sich in Kapitel 4.5.1.

1.4 Vorgehensweise

Die vorliegende Forschungsarbeit lässt sich in drei wesentliche Teile einteilen. Zu Beginn (Kapitel 2) wird das Thema Akzeptanz aufgearbeitet, welches die theoretische Grundlage dieser Arbeit ausmacht. Hierbei wird eine Begriffserklärung des Wortes Akzeptanz vorgenommen, dann wird auf die Hintergründe der Akzeptanzforschung, verschiedene Ursachen von Akzeptanzdefiziten, sowie die verschiedenen Formen von Akzeptanz eingegangen, worauf schließlich die Einordnung des Akzeptanzbegriffs in den Tourismus folgt.

---

[2] Bedeutung: Darstellung einer Stimmung, die einer Situation, einem Ereignis o.Ä. zugrunde liegt (Dudenredaktion, o.J.)

Darauffolgend (Kapitel 3) wird der für diese Arbeit gewählte Forschungsraum vorgestellt. Zunächst gibt es eine Einführung in das Bundesland Mecklenburg-Vorpommern, in welchem der Forschungsraum Usedom liegt. Als nächstes wird die Insel Usedom, welche in dieser Arbeit als Fallstudie fungiert, hinsichtlich ihrer geographischen Lage, der Bevölkerungsentwicklung, der Wirtschaftsstruktur und politischen Lage, sowie auf die Tourismusentwicklung hin analysiert und erläutert.

Den Hauptteil dieser Arbeit (Kapitel 4 bis 6) bildet die Akzeptanzanalyse des Tourismus auf Usedom. Hierfür wird zunächst in Kapitel 4 der empirische Rahmen der Erhebung, sowie die gewählte Vorgehensweise erläutert. Diese Forschungsarbeit verfolgt einen quantitativen Forschungsansatz, der ausführlich erläutert wird, ebenso wie der Fragebogen, der für diese Arbeit erstellt und online verbreitet wurde. Das Kapitel 5 erläutert die Umfrageergebnisse.

Im 6. Kapitel „Diskussion“, erfolgt die Analyse der Umfrageergebnisse. Dazu werden die zuvor aufgestellten Hypothesen der Forschungsarbeit erneut aufgegriffen, um mittels dieser die Ergebnisauswertung aus dem vorherigen Kapitel zusammenzufassen und zu diskutieren. Aus den Ergebnissen der quantitativen Umfrage können ein paar wichtige Erkenntnisse abgeleitet werden, die als Grundlage für weitere Forschungsarbeite zu diesem Thema dienen können, aber auch für die Entwicklung von zukünftigen Akzeptanzstrategien von Seiten der Tourismusakteure und der Regierung in Mecklenburg-Vorpommern und Usedom genutzt werden können. Darauf wird abschließend in Kapitel 7 Bezug genommen.

2 Akzeptanz und Akzeptanzanalyse

2.1 Definition von Akzeptanz

Der Begriff *Akzeptanz* wird erst seit den 1980er Jahren in der Wissenschaft, aber auch in der Alltagssprache verwendet. Bis dato war der Begriff in vielen Standardwerken nicht auffindbar (Lucke, 1995). Seinen Ursprung findet der Begriff im lateinischen Verb „acceptare“, was so viel bedeutet wie „annehmen“ oder „sich gefallen lassen“. Ebenfalls lässt sich das Wort zurückführen auf „accipere“/ „acceptum“, was mit „empfangen“ (zumeist eines Angebotes) übersetzt werden kann. Das Substantiv Akzeptanz kann laut Stoll (1999) mit Bedeutungen wie „Zustimmung“, „Bestätigung“, „Anerkennung“ oder „Befürwortung“ in verschiedenen Zusammenhängen gebraucht werden. Diese Bedeutungen können sich auf verschiedene Werte und Einstellungen, sowie Meinungsäußerungen und Personen wie auch deren Handlungen beziehen; beispielsweise aber auch auf wissenschaftliche und politische Konzepte, Gesetze, Normen oder Kunstwerke. In der deutschen Sprache bedeutet das Verb „akzeptieren“ auch „einverstanden sein“ oder auch als rhetorische Frage formuliert „einverstanden?“. (Lucke, 1995) (Stoll, 1999)

Die Brockhaus Enzyklopädie führte den Begriff Akzeptanz erstmals in seiner Ausgabe 1986 auf, vorherige Ausgaben und auch andere Lexika beinhalteten den Begriff noch nicht (Lucke, 1995). In der überarbeiteten 19. Auflage des Brockhaus erschien 1986 erstmals folgende Definition des Akzeptanz-Begriffs:

Akzeptanz ist definiert als die *„[...] zunächst [...] bejahende oder tolerierende Einstellung von Personen oder Gruppen gegenüber normativen Prinzipien oder Regelungen, (auf materiellem Bereich gegenüber der Entwicklung und Verbreitung neuer Techniken oder Konsumprodukte); dann auch das Verhalten und Handeln, in dem sich diese Haltung ausdrückt."* (Brockhaus Enzyklopädie, 1986)

Die unterschiedlichen Arbeiten, die sich mit Akzeptanz befassen, liefern keine einheitliche Definition für den Akzeptanzbegriff. Beckmann (2003) erscheint eine Definition ebenfalls erschwerend aufgrund der „Vermischung von wissenschaftlichem und breitgefächertem alltäglichem Sprachgebrauch" (Beckmann, 2003). Darüber hinaus beschäftigen sich verschiedene Fachdisziplinen mit dem Thema der Akzeptanzproblematik (siehe Kapitel 2.2.3). Daher ist es wenig überraschend, dass es keine einheitliche Definition des Akzeptanzbegriffs gibt (Stoll, 1999). Im Allgemeinen „[...] kann Akzeptanz als Bewertung (und Reaktion) auf Handlungen und Entscheidungen anderer definiert werden." (Ullrich, 2008). Etwas zu akzeptieren umfasst eine prinzipiell positive Einstellung mit der Bejahung von oder zu etwas. Es stellt sich also die Frage der Akzeptanz immer dann, „[...] wenn Entscheidungen oder Handlungen [...] Auswirkungen auf Akteure haben, die am Zustandekommen dieser Entscheidung nicht (maßgeblich) beteiligt waren" (Ullrich, 2008). Die mögliche Annahme einer Meinung oder Sache muss nicht unbedingt eine völlige Einwilligung umfassen, sondern kann ebenso eine Annahme (Duldung) sein (Altmann, 2011). Abgesehen von einer kompletten oder anteiligen Zustimmung gibt es ebenso die Möglichkeit der Ablehnung, welche als Inakzeptanz oder negative Akzeptanz benannt werden kann (Ullrich, 2008).

2.2 Grundlagen und Hintergrund der Akzeptanzforschung

In den letzten Jahrzenten hat die Akzeptanzforschung grundlegend an Bedeutung gewonnen. Ihr Ursprung lag in den 70er Jahren in der Techniksoziologie (Degele, 2002). Die wachsende Bedeutung ist möglicherweise darauf zurückzuführen, dass ein bestimmtes Maß an (positiver) Akzeptanz im sozio-/politischen Bereich die grundlegende Voraussetzung dafür ist, ob politische Institutionen funktionieren. Aber auch eine demokratische gesellschaftliche Ordnung kann nicht funktionieren, wenn überwiegend Protest und Ablehnung herrschen. (Ullrich, 2008) Durch aktuelle Themen aus Politik und Gesellschaft, wie beispielsweise der Atomausstieg in der Energiepolitik oder das infrastrukturelle Projekt Stuttgart 21, wird die Bedeutung der Akzeptanzbeachtung sichtbar. In unserer Gesellschaft werden den BürgerInnen mit wachsender Demokratisierung beziehungsweise Partizipation immer mehr Mitbestimmungs- und Partizipationsrechte zugesprochen, von denen immer mehr geneigt sind, diese auch zu ergreifen (Ullrich, 2008).

In der Akzeptanzforschung gibt es für die allgemeine Akzeptanz zwei entscheidende Voraussetzungen: (Ullrich, 2008)

1) „Entdinglichung" der Akzeptanzobjekte

„Akzeptanzprobleme können nur insoweit auftreten, wie man sich der grundsätzlichen Kontingenz von Entscheidungen und institutionellem Arrangement bewusst ist." (Ullrich, 2008). Ereignisse, die den Menschen natürlich oder unabänderlich vorkommen, weil sie entweder „funktional notwendig" und „zugleich alternativlos" sind, können weder positiv noch negativ akzeptiert werden. Beispielhaft dafür sind natürliche Phänomene wie die Schwerkraft oder das Wetter, aber auch das eigene Handeln. (Ullrich, 2008)

2) Bekanntheit alternativer Reaktionsmodi

Die Beziehung zwischen dem *Entscheidungsbetroffenen* und dem oder der *EntscheiderIn* beruht nicht auf Gehorsam und Unterwürfigkeit (Beispiel Herrschaftsbeziehungen). Das heißt, dem Betroffenen muss neben der Möglichkeit zuzustimmen auch die Option der Verweigerung oder Ablehnung als Entscheidungsoption bekannt sein. (Ullrich, 2008)

Darauf aufbauend wird bei dem Akzeptanzbegriff zwischen dem Akzeptanzobjekt, dem Akzeptanzsubjekt und dem Akzeptanzkontext unterschieden. Die Annahme von Akzeptanz ist ein interaktiver Prozess zwischen dem Akzeptanzobjekt, welches akzeptiert oder abgelehnt wird, und dem Akzeptanzsubjekt (Entscheidungsbetroffener), welches die mögliche Akzeptanz aufbringt und immer von einer akzeptierenden Person abhängig ist. Das Akzeptanzobjekt kann sehr unterschiedlich sein und zum Beispiel in Form einer bestimmten Meinung oder eines bestimmten Verhaltens auftreten. Dabei kann sich die Akzeptanz auf Lebensstile, Handlungen oder aber auch auf Emotionen und Äußerungen von Personen beziehen. Wichtig dabei ist die Frage nach der Akzeptanz als „Akzeptanz wovon?“. Bei dem Akzeptanzsubjekt stellt sich die Frage „Akzeptanz durch wen?“. Das Akzeptanzobjekt und -subjekt stehen in einem Akzeptanzkontext, der ebenso objekt- wie auch subjektseitig bestimmt ist. Der Akzeptanzkontext stellt beispielsweise Bezugsgruppen dar, die die Zielgruppe maßgebend beeinflussen. Die

Akzeptanz im Akzeptanzkontext lässt sich dann durch die Frage „Akzeptanz von was durch wen und unter welchen Bedingungen?“ beschreiben. (Lucke, 1995)

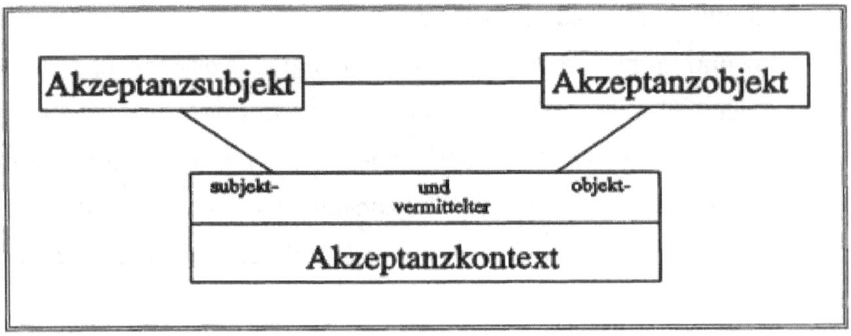

Abbildung 1: Akzeptanz als Beziehung zwischen Akzeptanzsubjekt, Akzeptanzobjekt und Akzeptanzkontext (Quelle: Lucke, 1995)

2.2.1 Stufen von Akzeptanz

Akzeptanz kann nicht nur in positiver (zustimmender) Form vorkommen, sondern auch in negativer (ablehnender). Ist dies der Fall, wird von einer „Inakzeptanz“ (Sauer, Luz, Suda, & Weiland, 2005) oder „Akzeptanzkriese“ (Hillmann, 1994) womit eine „Nicht-Akzeptanz“ (Lucke, 1995) einhergeht, gesprochen. Job spricht 1996 (sowie Beckmann, 2003) von einem „Einstellungskontinuum“, bei dem die Akzeptanz die positive Ausprägung des „Wertebereich“ ist. Weitere Größen des Einstellungskontinuums sind Indifferenz (als pseudo neutraler Bereich) und Aversion (als Gegenteil von Akzeptanz). Die nachfolgende Abbildung 2 zeigt, dass es zwischen den jeweiligen Wertebereichen keine voneinander abgegrenzten, sondern fließende Übergänge gibt. (Job, 1996) (Beckmann, 2003) Durch die Einteilung in drei Wertebereiche kann das Spektrum der Akzeptanz besser beschrieben werden.

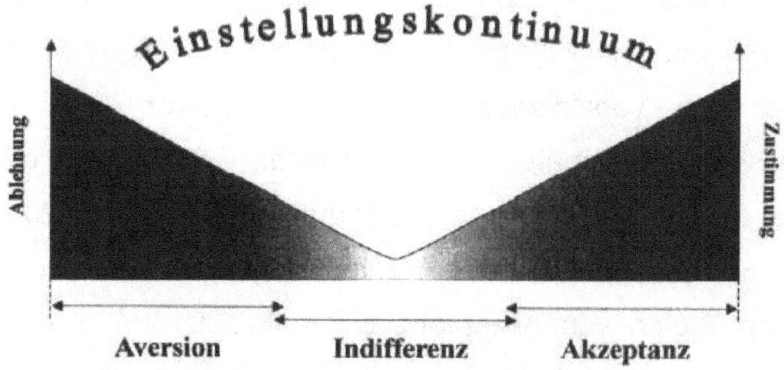

Abbildung 2: Akzeptanz, Indifferenz und Aversion als Wertebereich eines Einstellungskontinuums (Quelle: Beckmann, 2003)

Wie in der Abbildung 2 erkennbar ist, lässt das Einstellungskontinuum drei Kategorien für die Operationalisierung des Akzeptanzbegriffs zu:

Aversion: Die Aversion ist das Gegenteil der Akzeptanz. Zu dieser Gruppe zählen all jene, die ein Vorhaben deutlich ablehnen. Die Möglichkeit, verbal und argumentativ Akzeptanz zu schaffen, ist sehr gering.

Indifferenz: Dies ist der Bereich der Akzeptabilität, was bedeutet, dass etwas generell Akzeptanz verdient, sie aber nicht bekommt. Die Personen haben noch keine endgültige Meinung zu dem Thema und können dementsprechend noch beeinflusst werden.

Akzeptanz: Die Personen dieser Gruppe geben ihre Zustimmung oder ihr Wohlwollen bis hin zur vollkommenen Akzeptanz.
(Job, 1996) (Beckmann, 2003)

Der Verlauf der Akzeptanzbildung zeigt, dass verschiedene Ausprägungen zwischen Akzeptanz und Nicht-Akzeptanz existieren (Abbildung 3). Hofinger (2001) hat dazu ein siebenstufiges Modell erstellt, welches die verschiedenen Zwischenstufen von Akzeptanz aufzeigt. Dieses wurde später von Sauer et al. (2005) durch eine achte Stufe („konditionale Akzeptanz") ergänzt (Hofinger, 2001) (Sauer, Luz, Suda, & Weiland, 2005). Die Übergänge zwischen den verschiedenen Stufen von Akzeptanz bis Inakzeptanz sind dabei fließend und können nicht eindeutig voneinander abgegrenzt werden. Akzeptanz ist also kein absoluter Wert. In der Wirklichkeit ist es möglich, dass unterschiedliche Personen einem identischen Objekt verschiedene Akzeptanzausprägungen bzw. Inakzeptanz entgegenbringen können (Sauer, Luz, Suda, & Weiland, 2005).

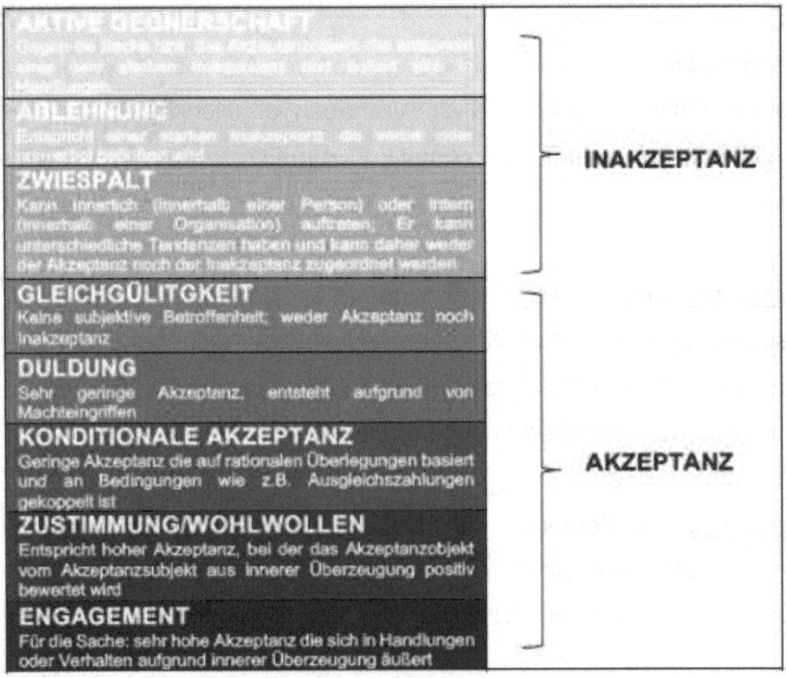

Abbildung 3: Stufen von Akzeptanz und Inakzeptanz (Quelle: eigene Darstellung nach Sauer, Luz, Suda, & Weiland, 2005)

2.2.2 Einflussfaktoren auf die Akzeptanz

Neben den bereits erläuterten entscheidenden Voraussetzungen für die Akzeptanzbildung gibt es weitere Faktoren, die die Akzeptanz beeinflussen. Verschiedene beeinflussende Faktoren können dabei sogar die Akzeptanz total ver- oder behindern oder taktisch eingesetzt werden, um „[...] Akzeptanz herzustellen und dauerhaft zu sichern." (Lucke, 1995). Die möglichen akzeptanzrelevanten Faktorengruppen und Einflussfaktoren sind in unterschiedliche Ebenen zusammengefasst und beinhalten unterschiedliche demographische sowie kulturabhängige und zeitliche Komponenten. (Lucke, 1995)

Die Einflussfaktoren, die in Abbildung 4 zu erkennen sind, sind sehr vereinfacht und schematisiert dargestellt. Sie lassen jedoch trotzdem erkennen, dass der Ablauf der Akzeptanzentwicklung sehr vielseitig ist und eine breite Anzahl von unabhängigen Variablen diese beeinflusst.

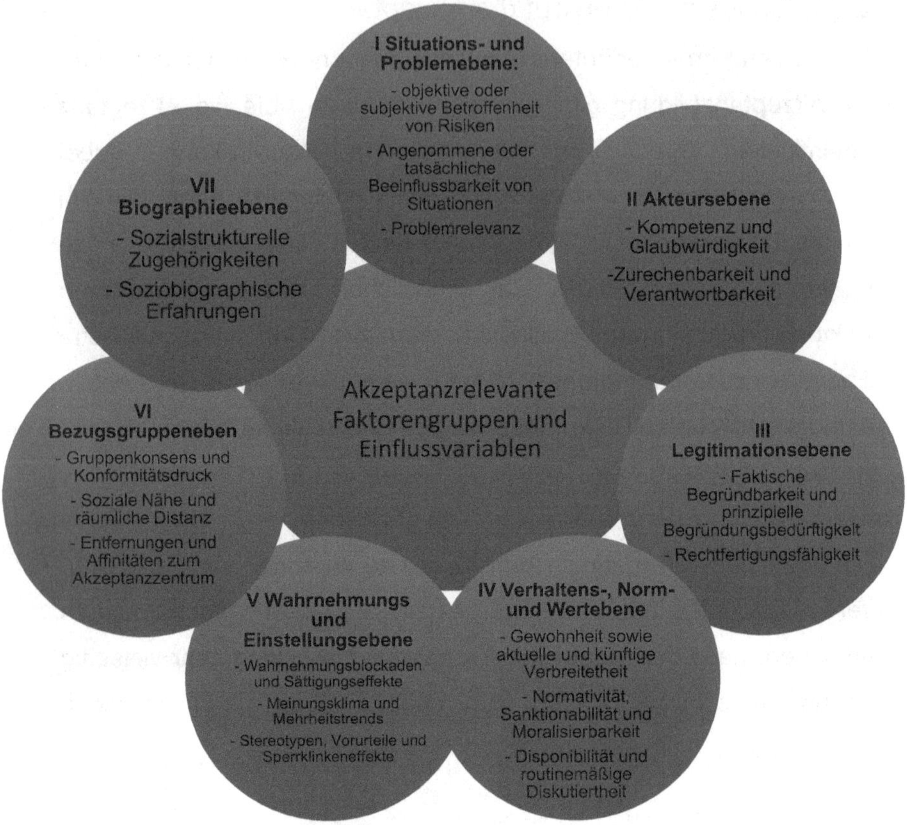

Abbildung 4: Akzeptanzrelevante Faktorengruppen und Einflussvariablen (Quelle: eigene Darstellung nach Lucke, 1995)

2.2.3 Arten der Akzeptanzforschung

Die Akzeptanzforschung wird in einer Vielzahl von Disziplinen angewandt, wobei die erforderlichen Vorgehensweisen und Zielsetzungen unterschiedlicher Natur sein können. Lucke (1995) unterscheidet in den unterschiedlichen soziologischen Wissenschaftszweigen folgende Forschungsgebiete:

- *Innovationsforschung* (zum Beispiel bei der Bekanntmachung von technischen Neuheiten und Erfindungen)
- *Normdurchsetzungs-, Implementations- und Evaluationsforschung* (zum Beispiel bei politischen Programmen und Gesetzen)
- *Diffusions-, Distinktions- und Rezeptionsforschung* (zum Beispiel im Bereich Kunst, Konsum und Kommunikation)
- *Verwendungs-, Trivialisierungs-, wissenschaftliche Begleitforschung* (zum Beispiel bei der Nutzung von (sozial-) wissenschaftlichem Wissen)
- *Sedimentations-, (Inseminations-), Wissenskonversionsforschung* (zum Beispiel in der traditionellen Wissenssoziologie)

  (Lucke, 1995)

Wie bereits erwähnt fand die Akzeptanzforschung ihren Ursprung in der Technologieforschung, jedoch auch in der interdisziplinären Umweltforschung. Etwa seit den 1990er Jahren befassen sich ForscherInnen in Deutschland mit der Akzeptanz in Großschutzgebieten und von Naturschutzmaßnahmen (Stoll, 1999) (Beckmann, 2003) (Sieberath, 2007). Dies resultierte aus der zunehmenden Anzahl von Nationalparken in den 1990er Jahren. Die Akzeptanzforschung von naturschutzbezogenen Themen kann nicht genau in eine bestimmte (oben genannten) Fachrichtungen eingeordnet werden.

2.3 Ursachen für Akzeptanzdefizite

Die Tabelle 1 zeigt die Akzeptanzfaktoren und Ursachen für Akzeptanzdefizite. Im Ursprung wurde eine Graphik von Beckmann (2003) angefertigt (dann von Sieberath, 2007 verändert), die zeigt, welche Einflussfaktoren für die Akzeptanz eines Nationalparks eine Rolle spielen. Die folgenden dargestellten Akzeptanzfaktoren und Ursachenbereiche werden aufgrund der Zielsetzung dieser Forschungsarbeit im Kontext des Tourismus behandelt.

Tabelle 1: Akzeptanzfaktoren und Ursachen für Akzeptanzdefizite im Überblick (Quelle: eigene Darstellung nach Sieberath, 2017)

Akzeptanzfaktoren	Ursachen für Akzeptanzdefizite
Demographische Faktoren: Alter, Herkunft, Bildung	
Emotionale Aspekte	Angst vor Einschränkungen und vor dem Verlust der Entscheidungsfreiheit
Kulturelle Aspekte	Infragestellen traditioneller Wertvorstellungen und Verhaltensgewohnheiten
Wahrnehmung	Wahrnehmungsbarrieren
Kommunikation	Kommunikationsbarrieren Soziale Gruppenprozesse

Die Ursachen für Akzeptanzprobleme sind vielfältig und teilweise auch an das mögliche Akzeptanzobjekt gebunden. Ebenso kann unter vier Ursachenkomplexen für Akzeptanzdefizite bzw. den daran abstammenden Akzeptanzfaktoren unterschieden werden (Beckmann, 2003). Akzeptanzfaktoren können ganz einfache demographische Faktoren sein wie das Alter, die Herkunft oder der Bildungsgrad einer jeweiligen Person, aber auch emotionale- und kulturelle Aspekte, die Wahrnehmung und Kommunikation.

Nachfolgend werden die jeweiligen Akzeptanzfaktoren und die Ursachen für Akzeptanzdefizite näher erklärt.

2.3.1 Emotionale Aspekte

Die emotionale Ebene ist ein wichtiger Faktor der Akzeptanz und kann nach Stoll (1999) in drei Bereiche unterteilt werden:

1) persönliche Betroffenheit
2) Freiheitseinengung
3) Partizipationsdefizite

(Stoll, 1999)

Die genannten Bereiche spielen sich alle auf der emotionalen, nicht rationalen Ebene ab, weshalb Akzeptanzdefizite, die auf diesen Faktoren basieren wohl am schwersten zu beseitigen sein dürften. Sie alle fungieren als Einflussfaktoren für eine fehlende Akzeptanz. Die emotionalen Erfahrungen jedes Menschen haben eine große Bedeutung für den Meinungsbildungsprozess. (Stoll, 1999)

Die erste Facette der emotionalen Ebene, die persönliche Betroffenheit, resultiert aus einer Veränderung der wirtschaftlichen oder persönlichen Situation, oder aber auch andererseits aus der Veränderung des bekannten Lebensraums einer betroffenen Bevölkerung (Rentsch, 1988). Die persönliche Betroffenheit erfolgt dabei oftmals durch die subjektive Wahrnehmung der persönlichen Nachteile (Stoll, 1999).

Die Einengung der eigenen Freiheit, beispielsweise durch enormen Massentourismus, fördert ebenso eine negative Einstellung in der lokalen Bevölkerung. Dadurch kann es verstärkt dazu kommen, dass ein unerwünschtes Verhalten auftritt, welches in der Sozialpsychologie auch als „psychologische Reaktanz“ bezeichnet wird. Dieses Phänomen dient jedem Einzelnen zur subjektiven Wiederherstellung seiner Freiheit. (Stoll, 1999)

Mitwirkungs- und Mitentscheidungsmöglichkeiten der lokalen Bevölkerung, bilden nach Stoll die dritte Ebene der emotionalen Ursachenebenen im Akzeptanzprozess. Diese ermöglichen, bei regionalen Besonderheiten im Planungsprozess mitzuwirken. Unabhängig davon, ob Partizipationsdefizite objektiv nicht vorliegen oder subjektiv als nicht vorhanden gesehen werden, können diese die lokale Bevölkerung beeinflussen (Beckmann, 2003). Partizipationsverfahren können eine positive Wirkung auf Betroffene haben, auch wenn diese dem Entscheidungsergebnis nicht unbedingt zustimmen. Außerdem kann sich die Gegebenheit eines Partizipationsangebotes allein schon positiv auf die Akzeptanz auswirken, da die betroffene Person das Gefühl eines rechtmäßigen Vorgehens vermittelt bekommt. (Stoll, 1999)

2.3.2 Kulturelle Aspekte

Kulturelle Aspekte können Ursachen für Akzeptanzdefizite bilden. Traditionelle Werte und Einstellungen einer lokalen Bevölkerung, die sich über einen langen Zeitraum entwickelt haben, sorgen meist für eine breite Akzeptanz, aber auch für eine Aversion. Veränderungen von Gegebenheiten, die Einfluss auf die traditionellen Wertvorstellungen haben, können dazu führen, dass die Bevölkerung traditionelle Wertvorstellungen und Verhaltensgewohnheiten in Frage stellt. Dies können Veränderungen im vertrauten Landschaftsbild und

Umfeld sein, sowie Veränderungen in der Art und Weise der gewohnten Umgebung. (Beckmann, 2003) Durch Veränderungen werden Verhaltensweisen, Werte und Normen auf einmal in Frage gestellt und können zu einer Diskrepanz führen. (Stoll, 1999)

2.3.3 Wahrnehmung

Die Wahrnehmung jedes Menschen beeinflusst seine Meinung und Einstellung. Die selektive Verarbeitung und Aufnahme von Informationen stabilisiert und fördert bereits existierende Einstellungen (Beckmann, 2003) (Stoll, 1999). Das Phänomen der selektiven Wahrnehmung, bei beispielsweise Tourismus-befürworterInnen und TourismusgegnerInnen, kann dafür sorgen, dass ein Verständnis für die jeweilig andere Partei fehlt. Ein gegenseitiger Mangel an Gemeinsamkeiten und Verständnis ist oftmals die Ursache für eine zunehmende soziale Distanz zwischen Personengruppen und kann schlussendlich in Kommunikationsproblemen münden. Durch den fehlenden Perspektivwechsel neigen betroffene Personen dazu die eigene Meinung und Position als die einzig Richtige und Gültige anzunehmen. (Beckmann, 2003)

2.3.4 Kommunikation

Die Kommunikation spielt eine wichtige Rolle für die Akzeptanz im Allgemeinen, aber auch im Tourismus. Funktionierende Kommunikationsstrukturen gelten oft als Schlüsselfaktor für Akzeptanz, jedoch sind viele Destinationen sowie Nationalparke von Kommunikationsdefiziten geprägt. (Beckmann, 2003) (Herntrei, 2014) Stoll (1999) nennt dafür mögliche Ursachen wie soziale

Gruppenprozesse und Kommunikationsbarrieren. Die Kommunikationsbarrieren können unterteilt werden in Perspektivgegensätze und Vermittlungsschwächen. (Stoll, 1999)

Der Ursachenfaktor der sozialen Gruppenprozesse sollte bei den Akzeptanzprozessen nicht unterschätzt werden. Gerade in kleinen Gemeinden existieren häufig kulturelle Normen, bei denen Gruppendruck und Konformität dazu führen können, dass positive wie auch negative oder neutrale Einstellungen jedes Einzelnen vom dominierenden Meinungsbild der Gruppen verdrängt werden können. (Sieberath, 2007) (Stoll, 1999)

2.4 Akzeptanz im Tourismus

Die Verbindung von Akzeptanz und Tourismus wurde überwiegend in Ländern außerhalb von Deutschland und Europa erforscht. Häufig handelt es sich dabei um die Konsequenzen, die der Tourismus für die lokale Bevölkerung mit sich bringt und ihre Wahrnehmung. Der Tourismus hat sich weltweit zu einer Wachstumsindustrie entwickelt, weshalb ein wachsender Teil der Weltbevölkerung von der nachhaltigen Existenz dieser Wirtschaft abhängig ist. Während für viele Bevölkerungen auf der Erde der Tourismus positive Entwicklungen mit sich gebracht hat, können aber auch negative Auswirkungen eintreten. (Faulkner & Tideswell, 1997) Mögliche negative Auswirkungen können durch unterschiedliche Faktoren hervorgerufen werden: zu schnelles Wachstum der Besucherzahlen (Erreichen der Tragfähigkeit der Destination), stetig wachsende Infrastruktur, fehlende Verkehrsinfrastruktur, Beeinträchtigung naturräumlicher Gegebenheiten durch Überbevölkerung, die damit einhergehende sinkende Qualität des Tourismusproduktes und sinkendes Wohl der lokalen Bevölkerung.

Bei der Tourismusentwicklung in Destinationen spielt die lokale Bevölkerung eine große Rolle. Die Beteiligung der lokalen Bevölkerung einer Destination kann die Akzeptanz dem Tourismus gegenüber steigern. Herntrei (2014) bestätigt, dass sich die Bürgerbeteiligung „[...] positiv auf die Gastfreundschaft und somit auf die Erlebnisqualität und die Zufriedenheit des Gastes auswirken [...]" kann (Herntrei, 2014).

2.4.1 Bürgerbeteiligung und Akzeptanz

Das Beispiel des Community-based Tourismus beschreibt beispielsweise einen typischen partizipativen Ansatz für die Entwicklung von Tourismusdestinationen, bei der die lokale Bevölkerung die Planung und Entwicklung mitbestimmt (Herntrei, 2014). *„Community participation in tourism planning is a process of involving all relevant and interested parties (local government officials, local citizens, architect, developers, business people, and planners) in such a way that decision making is shared"* (Haywood, 1988).

Viele Autoren sind der Meinung, dass Tourismusdestinationen erfolgreicher sind, wenn der Tourismus von der lokalen Bevölkerung mit getragen wird (Blackstock, 2005). Durch die Bürgerbeteiligung verspricht man sich eine höhere Zufriedenheit mit den Entwicklungen der Destinationen und folglich eine größere Akzeptanz dem Tourismus gegenüber (Herntrei, 2014).

Die Abbildung 5 stellt die verschiedenen Einflussfaktoren auf die Akzeptanz des Tourismus rund um die Bürgerbeteiligung dar. Hier steht die Akzeptanz des Tourismus im Mittelpunkt und zeigt sich als Voraussetzung für die Entwicklung von Gastfreundschaft. Jedoch ist die Tourismusakzeptanz auch in Tourismusdestinationen mit hohen Besucherzahlen und einer bedeutenden Abhängigkeit vom Tourismus nicht automatisch gegeben und keine Selbstverständlichkeit. Die Punkte Kommunikation, Sensibilisierung und Information verdeutlichen die Notwendigkeit weiterer Bemühungen von touristischen Leistungsträgern und der Politik, um die Tourismusakzeptanz aufrecht zu erhalten oder zu verbessern. Auch Events sind ein wichtiger Punkt für Tourismusakzeptanz, da sie „[...] einen geeigneten Rahmen darstellen, um in einen Dialog mit den Bürgern einzutreten.“ (Herntrei, 2014). Zwischen Projekten und der Akzeptanz des Tourismus besteht eine positive Wechselbeziehung. Gibt es eine Anerkennung von Seiten der Bevölkerung kann dies positive Auswirkungen darauf haben, ob tourismusrelevante Projekte umgesetzt werden. (Herntrei, 2014)

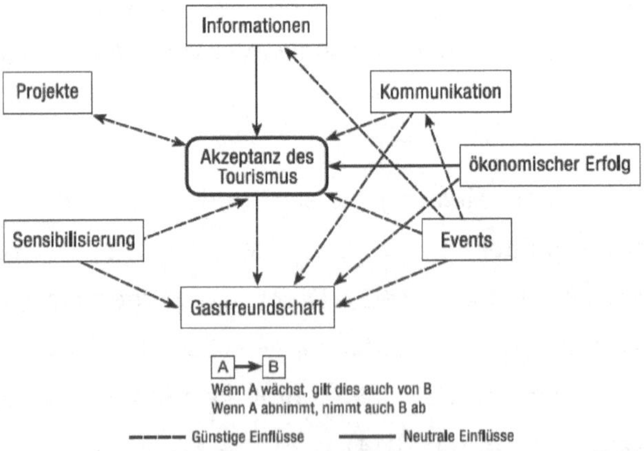

Abbildung 5: Einflussfaktoren auf die Akzeptanz des Tourismus (Quelle Herntrei, 2014)

Abbildung 6 zeigt zusammenfassend, welche Chancen Bürgerbeteiligung in einer Gemeinde allgemein haben kann. Dies sind hauptsächlich soziale Ziele wie Zusammenhalt, Kommunikation, Gastfreundschaft und Akzeptanz, die den ökonomischen Erfolg ankurbeln können. Eine größere Akzeptanz unter der lokalen Bevölkerung kann eine höhere Zufriedenheit im Hinblick auf die politische Arbeit bewirken.

Bei der stetigen Förderung von sogenannten Bürgerbeteiligungsprozessen übernehmen Mitglieder der lokalen Gemeinde traditionelle Aufgabenkomplexe von Verwaltung und Politik und werden in die Finanzierung von öffentlichen Dienstleistungen und Infrastrukturen mit einbezogen. Bürgerbeteiligungsprozesse bieten eine geeignete Möglichkeit, um die Gründung von Bürgerinitiativen und Protesten zu vermeiden und erzwungene Bürgerabstimmungen zu umgehen. Dabei müssen Informationen verständlich und transparent für alle BürgerInnen bereitgestellt werden. Im Umkehrschluss bedeutet dies allerdings auch, dass die Politik die Entscheidungen der lokalen Bevölkerung akzeptieren sollte, wenn diese nicht mit ihren Absichten übereinstimmt. (Herntrei, 2014)

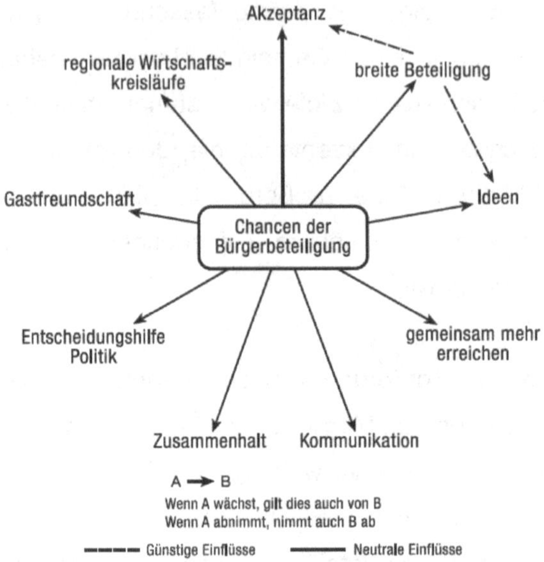

Abbildung 6: Chancen der Bürgerbeteiligung (Quelle: Herntrei, 2014)

2.5 Methoden der Akzeptanzmessung

Werden die verschiedenen Arten der Akzeptanzforschung betrachtet (siehe Kapitel 2.2.3) lassen sich unterschiedliche Forschungsmodelle für die Datenerhebung erkennen. Bei der eigenen Datenerhebung stellt sich demnach die grundlegende Frage, welche Erhebungsmethode angewendet werden soll. Diekmann (2004) führt aus, dass diese Entscheidung vor dem Hintergrund der gelegten Forschungsziele und der formulierten Forschungsfrage getroffen werden müsse. Die empirische Sozialforschung lässt sich im Wesentlichen in zwei Wissenschaftsparadigma unterteilen: Das qualitative Paradigma dessen Hauptziel es ist, das menschliche Verhalten zu *verstehen*, und das quantitative Paradigma mit dem Ziel, die kulturell/sozial geschaffene Wirklichkeit zu *erklären* (Raithel, 2008). Für die Datenerhebung kann unter vier Methoden unterschieden werden: der Befragung, der Inhaltsanalyse, der Beobachtung und dem nicht-reaktiven Messverfahren (Schnell, Hill, & Esser, 2013). In der Akzeptanzforschung werden üblicherweise quantitative Befragungen zur Datenerhebung genutzt (Lucke, 1995). Generell lässt sich sagen, dass der Fragebogen und das Interview die zwei wichtigsten Befragungsmethoden sind, um eine Datenerhebung durchzuführen. Die beiden Methoden lassen sich in unterschiedliche Merkmale runterbrechen. Im weiteren Verlauf werden hauptsächlich die Merkmale der quantitativen Befragungsmethode erklärt, da dieser Ansatz für diese Forschungsarbeit verwendet wurde.

Bei der Datenerhebung kann neben der Wahl der Methodik die Anzahl der Erhebungsphasen entschieden werden. Hierbei besteht die Möglichkeit die Datenerhebung ein- oder mehrmals durchzuführen. Wird eine Erhebung nur einmal durchgeführt, handelt es sich um ein Querschnittsdesign. Hierbei findet die Erhebung zu einem bestimmten Zeitpunkt oder innerhalb eines kurzen Zeitraums von ungefähr zwei bis vier Wochen statt. (Raithel, 2008) Findet eine Erhebung widerholt mit demselben Design jedoch zu mehreren Zeitpunkten statt, wird von einem Längsschnittdesign gesprochen. Hierbei kann zwischen dem Trenddesign und dem Paneldesign unterschieden werden. Bei dem Trenddesign werden die Merkmalsausprägungen der gleichen Variablen mehrmals mit immer verschiedenen Stichproben erhoben. Das Paneldesign sieht vor, dass die Werte von den gleichen Variablen zu unterschiedlichen Zeitpunkten an derselben Untersuchungseinheit erhoben werden. Panelerhebungen gelten grundsätzlich als informativer als die Trenderhebung, welche wiederum informativer als Querschnittserhebungen sein können. (Raithel, 2008) (Schnell, Hill, & Esser, 2013)

Nach der Wahl der Methode und der Erhebungshäufigkeit wird über die Untersuchungseinheit entschieden. Da die Vollerhebung, die alle Personen oder eine Grundgesamtheit einbezieht, zu kostspielig und umfangreich ist, erfolgt meist die Auswahl einer Teilgesamtheit, die sogenannte Stichprobe (sample). (Raithel, 2008) Die Teilgesamtheit steht stellvertretend für die Grundgesamtheit und sollte die „[...] untersuchungsrelevanten Eigenschaften der Grundgesamtheit möglichst genau abbilden.“ (Bortz, 1993)

2.5.1 Die Befragung

Wird die Datenerhebung mittels einer Befragung durchgeführt, wie es in der Akzeptanzforschung meistens der Fall ist, kann man unter den wichtigsten Befragungsmethoden dem *Interview* und dem *Fragebogen* unterscheiden. In einer Forschungsarbeit kann sich auf eine Methode bezogen werden, es können aber auch beide Arten der Datenerhebung angewendet werden. In dieser Forschungsarbeit wird ausschließlich die quantitative Methode des Fragebogens verwendet. Der Fragebogen ist eine rein quantitative Methode und eignet sich für die Befragung einer größeren Untersuchungseinheit. Die quantitative Befragung wird mit Hilfe einer vorgegebenen Fragenabfolge durchgeführt und verfolgt die Abbildung der Verteilung einer Teil- oder Grundgesamtheit. (Diekmann, 2004)

Ob eine Befragung quantitativ oder qualitativ ist, ist abhängig vom Strukturierungsgrad. Der Unterschied der Vorgehensweise bei einer Datenerhebung bezieht sich auf den Grad der „Standardisierung“ der

Untersuchungsinstrumente. Wenn eine Befragung nur gering strukturiert ist und kein festes oder nur geringes Frageschema aufweist, dann ist dies ein qualitativer Ansatz. Sind die Fragen- und Antwortmöglichkeiten jedoch fest definiert, ist die Befragung quantitativer Natur. (Schnell, Hill, & Esser, 2013) Je standarisierter eine Befragung ist, desto geringer ist der Antwortrahmen der befragten Person. Der Grad der Standardisierung kann sich auf verschiedene Aspekte beziehen, wie beispielsweise die Antwortmöglichkeiten, die Reihenfolge der Fragen, die Interviewsituation oder die Formulierung der Fragen.

2.5.2 Der Fragebogen

Unter einer Befragung mit einem Fragebogen versteht man „[...] das Vorlegen von Fragen in schriftlicher Form, die von den UntersuchungsteilnehmerInnen selbständig beantwortet werden müssen." (Raab-Steiner & Benesch, 2008) Die schriftliche Befragung erfordert jedoch einen hohen Strukturierungsgrad des Inhaltes im Vorhinein und hindert die fragende Person daran einzugreifen. Diese Art der Befragung ist sicherlich schwer zu kontrollieren hinsichtlich der Erhebungssituation, da schriftliche Befragungen häufig auch per Post oder über E-Mail übermittelt werden und sich so der Überwachung des Untersuchungsleiters entziehen. (Schnell, Hill, & Esser, 2013)

Schriftliche Befragungen können auf Grund ihrer Strukturierungsform differenziert werden. Dabei gibt es beispielsweise unterschiedliche Antwortmöglichkeiten, wie strikt vorgegeben Entscheidungsfragen, die mit Ja und Nein beantwortet werden, oder aber auch leere Antwortfelder, die zur freien individuellen Antwort der jeweiligen befragten Person genutzt werden können. Des Weiteren gibt es noch andere Strukturierungsmöglichkeiten wie Fragen mit Ratingskalen in wörtlicher oder numerischer Form, bei der sich die Person zwischen Antwortalternativen entscheiden kann, oder aber Fragen, bei denen mehr als eine Antwortmöglichkeit ausgewählt werden kann. (Raab-Steiner & Benesch, 2008)

Aufgrund der verschiedenen Strukturierungsmöglichkeiten bei der Gestaltung und dem Aufbau eines Fragebogens ist erkennbar, dass dies eine komplexe Aufgabe ist, die viele Möglichkeiten bietet. Dabei ist es wichtig, die richtige Strukturierung sowie den passenden Aufbau vor dem Hintergrund der Forschungsfrage zu ermitteln, um gezielt aussagekräftige Antworten zu bekommen.

Die Befragung in Form eines Fragebogens hat den Vorteil, dass den Befragten Anonymität gewährt werden kann und somit ehrlichere und überlegtere Antworten erwartet werden können. Zudem lassen sich so größere Stichproben untersuchen und der Kosten- und Zeitaufwand bleibt relativ gering. Jedoch ist es möglich, dass die Rücklaufquote geringer ausfällt. (Diekmann, 2004)

2.6 Fazit

Der Begriff der Akzeptanz ist auffallend mehrschichtig und nur schwer einzugrenzen. Deutlich wird dieses bereits bei der Definition und Abgrenzung des Akzeptanzbegriffs und der Vorgehensweise. Für die Messung von Akzeptanz gibt es keine allgemeine Vorgehensweise. Betrachtet man in der Praxis Akzeptanzanalysen, wird deutlich, dass diese in einer Vielzahl von verschiedenen Themenfeldern angewandt werden und die jeweiligen Anforderungen dementsprechend an die

Einzelfälle angepasst werden. Grundlegend lässt sich sagen, dass „[...] Akzeptanz immer als die Einstellung gegenüber einer Handlung, eines Verhaltens oder auch eines materiellen Gegenstandes anzusehen [...]“ ist (Altmann, 2011).

Die Grundlagen der Akzeptanzforschung sprechen von einem Akzeptanzobjekt, dem Akzeptanzsubjekt und dem Akzeptanzkontext. Im Rahmen dieser Forschungsarbeit ist das Akzeptanzsubjekt die lokale Bevölkerung von Usedom, die mögliche Akzeptanz aufbringt. Das Akzeptanzobjekt ist der Tourismus, welcher akzeptiert oder abgelehnt werden kann. Akzeptanz kann auch im negativen auftreten, wobei dann von Inakzeptanz oder Aversion gesprochen wird. Der Verlauf der Akzeptanzbildung weist darauf hin, dass es verschiedene Ausprägungen zwischen Akzeptanz und Nicht-Akzeptanz gibt. Ein achtstufiges Model von Hofinger (2001) und Sauer et al. (2005) zeigt diese Stufen von Akzeptanz und Inakzeptanz auf, die fließend ineinander übergehen. Dies zeigt, dass die Akzeptanz kein uneingeschränkter Wert ist und verschiedene Personen unterschiedliche Akzeptanzausprägungen gegenüber einem Objekt entgegenbringen können. Dabei gibt es verschiedene Faktoren, die die Akzeptanz beeinflussen und dabei sogar total verhindern können, wie beispielsweise unterschiedliche Situationen und Probleme, die Biographie der Akzeptanzsubjekte oder Aspekte auf der Verhaltens-, Norm- und Werteebene.

Die Gründe für Akzeptanzprobleme sind vielfältig und möglicherweise auch an ein Akzeptanzobjekt gebunden. Hierbei kann unter vier Ursachenkomplexen für Akzeptanzdefizite unterschieden werden: Emotionale Aspekte (z.B. persönliche Betroffenheit oder

Partizipationsdefizite), kulturelle Aspekte (z.B. traditionelle Werte und Einstellungen), Wahrnehmung (selektive Verarbeitung und Aufnahme von Informationen) und Kommunikation (z.B. funktionierende Kommunikationsstrukturen).

In der Tourismusentwicklung spielt die Akzeptanz der lokalen Bevölkerung in einer Destination eine große Rolle. Die Beteiligung der lokalen BürgerInnen kann die Akzeptanz dem Tourismus gegenüber steigern und dafür sorgen, dass Tourismusdestinationen insgesamt erfolgreicher sind. Die Akzeptanz des Tourismus ist die Voraussetzung, dass sich Gastfreundschaft entwickelt. Tourismusakzeptanz ist egal in welchen Destinationen keine Selbstverständlichkeit und nicht immer automatisch gegeben. Kommunikation, Sensibilisierung und Informationenübermittlung von touristische Leistungsträgern und Politik ist notwendig, um die Tourismusakzeptanz aufrecht zu erhalten oder zu verbessern.

Im Bereich der Akzeptanzforschung basiert der Prozess der Akzeptanzmessung auf Beobachtungen bzw. Erfahrungen und wird demzufolge auf der Grundlage von empirischen Fragestellungen durchgeführt. Die dazu verwendeten Erhebungsmethoden passen mit den üblichen Methoden in der empirischen Sozialforschung zusammen. Dazu zählen sowohl quantitative Methoden, zu denen schriftliche Befragungen in analoger oder digitaler Form zählen, als auch qualitative Methoden, wobei unterschiedliche Interviewformen persönlich durchgeführt werden. Beide Forschungsmodelle weisen unterschiedliche Vor- und Nachteile auf. Grundsätzlich eignen sich quantitative Methoden besser, wenn eine große Population befragt werden soll, wohingegen qualitative Forschung für Erhebungen von kleinen Populationen sinnvoll ist.

3 Untersuchungsraum Usedom

3.1 Das Bundesland Mecklenburg-Vorpommern

Mecklenburg-Vorpommern ist ein Bundesland im Nordosten von Deutschland. Es ist das am dünnsten besiedelte Bundesland mit ungefähr 70 BewohnerInnen pro Quadratkilometer[3]. Im Osten grenzt es an Polen, im Süden an Brandenburg, im Westen an Schleswig-Holstein und Niedersachsen und im Norden an die Ostsee. Das Bundesland wurde 1945 durch die Vereinigung des Landes Mecklenburg und des übrigen Teils von Vorpommern in Deutschland gegründet. Nach der Wiedervereinigung 1990 wurde Mecklenburg-Vorpommern neu gegründet und zum Bundesland der Bundesrepublik Deutschland ernannt. Das Bundesland ist geprägt durch Nationalparks, Naturparks und Landschafts- und Naturschutzgebiete, sowie eine Vielzahl von Baudenkmalen, ungefähr 2000 km Küstenlinie und bis zu 2000 Seen. Die beiden größten Inseln Deutschlands Rügen und Usedom befinden sich in Mecklenburg-Vorpommern an der pommerschen Ostseeküste. (Berger, et al., 2013)

Abbildung 7: Karte von Mecklenburg-Vorpommern (Quelle: Europäische Kommission, o.D.)

[3] Stand 2013 (Berger, et al., 2013)

In Mecklenburg-Vorpommern leben 1,61 Millionen Menschen; im Jahr 1990 waren es noch 1,92 Millionen. Seit 2014 kann Mecklenburg-Vorpommern aber wieder ein leichtes Bevölkerungswachstum verzeichnen. Eine Schwankung in den Bewohnerzahlen ist normal und durch natürliche Zu- und Abwanderung zu erklären. Jedoch gab es gerade zwischen 1990 und 2012 mehr Ab- als Zuwanderungen in Mecklenburg-Vorpommern. (Statistisches Amt Mecklenburg-Vorpommern, 2015) Die deutsche Post veröffentlicht seit sieben Jahren den Glücksatlas, der einen Überblick darüber geben soll, wo die glücklisten Menschen in Deutschland und Europa leben und wie sich die Lebenszufriedenheit der Menschen in den vergangenen Jahren entwickelt hat. Mecklenburg-Vorpommern liegt im deutschlandweiten Ranking auf Platz 17 der 19[4] untersuchten Regionen. Noch 2016 belegten sie den letzten Platz. Mit einem Wert von 6,89 (von 10) liegt die Lebenszufriedenheit in Mecklenburg-Vorpommern knapp unter dem Durchschnitt in Deutschland (7,07). In den Kategorien Einkommen, Gesundheit, Wohnen und Freizeit schneidet das Bundesland unterdurchschnittlich im deutschlandweiten Vergleich ab. Das durchschnittliche Jahreseinkommen liegt im Jahr 2017 in Mecklenburg-Vorpommern fast 4000 Euro[5] unter dem in Gesamtdeutschland und auch die Arbeitslosenquote liegt 3,6% über dem Durchschnitt bei 9,7%. In dem Bereich Arbeit schneidet Mecklenburg-Vorpommern jedoch besser ab als der Durchschnitt.

---

[4] Deutschland hat 16 Bundesländer. In der Statistik des Glücksatlas wurde zusätzlich Niedersachen in Niedersachsen/Nordsee und Niedersachsen/Hannover unterteilt, Nordrhein-Westfalen in Westfalen, Nordrhein/Düsseldorf und Nordrhein/Köln, Baden-Württemberg in Baden und Württemberg, sowie Bayern in Franken und Bayern (Süd). Rheinland-Pfalz und das Saarland wurden zu einer Region zusammengefasst. Insgesamt werden deshalb 19 Regionen erwähnt.

[5] Die vollständige statistische Darstellung der Zufriedenheitswerte von Mecklenburg-Vorpommern befindet sich in Anhang IV.

Dies scheint verwunderlich, da die Arbeitslosenquote und das verfügbare Einkommen unter dem deutschen Durchschnitt liegen. Die Studie besagt allerdings, dass die Bevölkerung in Mecklenburg-Vorpommern mit 7,08 Prozent 0,06 Prozentpunkte im Vergleich der Zufriedenheitswerte über dem Durchschnitt in Deutschland liegen (Raffelhüschen & Krieg, 2017)

3.1.1 Tourismusentwicklung

Der Tourismus in Mecklenburg-Vorpommern ist ein bedeutender Wirtschaftszweig und verbucht einen Umsatz von bis zu sieben Milliarden Euro jährlich (Statistisches Amt Mecklenburg-Vorpommern, o.D.). Gerade die Küstenregionen und die landschaftlich interessanten Gebiete der Mecklenburgischen Seenplatte profitieren von ihm. Die historischen Städte, Seebäder, Kur- und Erholungsorte locken jährlich viele Touristen an. Seit der Jahrtausendwende hat es Mecklenburg-Vorpommern als einziges Bundesland geschafft, zweistellige Wachstumsraten zu erreichen. Dies kann vor allen Dingen auf den stetigen Fortschritt der Infrastruktur und Servicequalität, aber auch das steigende Interesse der ausländischen BesucherInnen zurückzuführen sein. (Ministerium für Wirtschaft, Arbeit und Gesundheit, 2017) Insgesamt schaffte es Mecklenburg-Vorpommern 2016 mehr als 7 Mio. Gästeankünfte (+2,3 Prozent Anstieg zum Vorjahr) und 30 Mio. Übernachtungen (+2,8 Prozent Anstieg zum Vorjahr) zu erzielen, wobei insbesondere Hotels, Ferienunterkünfte und Campingplätze Wachstumstreiber sind. Am erfolgreichsten schnitt die Mecklenburgische Ostseeküste, mit mehr als 8 Mio. Übernachtung ab. Dies war ein Wachstum von 3,3 Prozent gegenüber dem Vorjahr. (Statistisches Amt Mecklenburg-Vorpommern, o.D.) Die deutsche Tourismusanalyse bestätigte, dass der Nordosten insgesamt 7,9 Prozent mehr deutsche Urlaubsgäste anzieht als alle anderen Regionen in Deutschland (Tourismusverband Mecklenburg-Vorpommern, 2016).

Neben den deutschen UrlauberInnen reisen auch immer mehr ausländische Gäste nach Mecklenburg-Vorpommern. 2016 waren es rund 380.000, wovon die Niederlande der wichtigste Incoming-Quellmarkt war. Darauf folgten die Schweiz und Dänemark. Aber auch Gäste aus Österreich und Schweden entdeckten den Nordosten von Deutschland für sich. Dies war ein Zuwachs von 1,1 Prozent im Vergleich zum Vorjahr (Tourismusverband Mecklenburg-Vorpommern, 2016).

Laut der Forschungsgemeinschaft Urlaub und Reisen (FUR) ist Mecklenburg-Vorpommern das meist besuchte Bundesland in Deutschland bei Reisen mit einer Dauer von über fünf Tagen. Die naturräumlichen Gegebenheiten in dem nordöstlichen Bundesland bieten den BesucherInnen zahlreiche Freizeitaktivitäten an und spiegeln so die Vielfalt der Region wider. So werden unterschiedliche Zielgruppen erreicht wie beispielsweise WassersportlerInnen, RadfahrerInnen, Städtereisende, NaturliebhaberInnen, Wanderbegeisterte oder Kulturmenschen. Auch im internationalen Vergleich liegt das Bundesland auf dem dritten Platz hinter Spanien und Italien als beliebtestes Reiseziel. (Statistisches Amt Mecklenburg-Vorpommern, o.D.)

Um den Tourismus weiter voranzutreiben und weiterhin attraktiv und wettbewerbsfähig zu bleiben, entwickelte Mecklenburg-Vorpommern verschiedene Management- und Qualitätssysteme, wie beispielsweise die Zertifizierung von barrierefreiem Tourismus oder touristischen Einrichtungen wie Spas. Zudem ist das Bundesland aktiv an der Initiative „ServiceQualität Deutschland“ beteiligt, bei der verschiedene Dienstleistungen aus Kundensicht analysiert werden und so optimiert werden können. (Statistisches Amt Mecklenburg-Vorpommern, o.D.)

3.2 Usedom

3.2.1 Räumliche Lage

Die Insel Usedom gehört zum Bundesland Mecklenburg-Vorpommern und ist in der Pommerschen Bucht in der Ostsee gelegen. Mit einer Fläche von 445 km2 ist sie die zweitgrößte Insel in Deutschland und auf Grund langer Sandstrände (40km), der traditionellen Seebäder und einem naturbelassenen Hinterland eine beliebte Urlaubsregion. (Ostsee.de Info, o.D.) (Usedom Tourismus GmbH, o.D.) Dazu kommen die imponierenden Steilküsten. Im Nordwesten ist die Insel vorwiegend flach. Dort finden sich feuchte Moorwiesen und Küstenwälder. Südöstlich wird die Insel von Sanddünen und Binnenseen in der hügeligen Moränenlandschaft geprägt. Die Mischwälder und Moorgebiete sind nur im Süden angesiedelt. Usedom ist charakteristisch für seinen einzigartigen Naturraum. Usedom ist ein Naturpark mit einzelnen Gebieten, die sogar als Naturschutzgebiete gekennzeichnet sind. Viele Teile der Insel stehen somit unter einem besonderen Schutz. Gerade die Ostsee stellt eine ständige Gefahr für die Insel da, wenn besonders im Winter Sturmfluten stark auf die Insel treffen. Durch Stürme werden jedes Jahr einige Meter der Küste abgetragen und Schäden an den Seebrücken verursacht. (Haussmanns, Höhne, & Szerelmy, 2013)

Die Insel Usedom hat einen besonderen Stellenwert, weil sie weltweit zu den wenigen Inseln gehört, die durch eine Staatsgrenze geteilt sind. Die größte Stadt der Insel, Swinemünde, gehört heute zu Polen, zur Woiwodschaft Westpommern. Als nach dem zweiten Weltkrieg die drei Siegermächte Sowjetunion, Großbritannien und die USA über die geographische und politische Neuordnung von Deutschland entschieden, gingen große Landflächen an Polen. Dazu zählte auch mit Swinemünde der wirtschaftlich bedeutsamere Teil der Insel Usedom. (Haussmanns, Höhne, & Szerelmy, 2013)

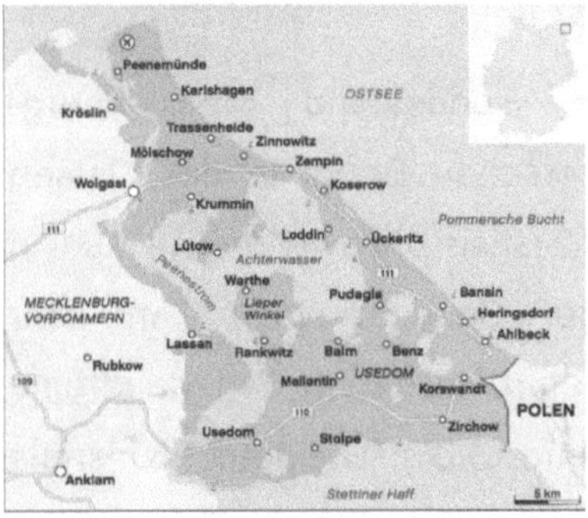

Abbildung 8: Karte von Mecklenburg-Vorpommern (Quelle: Europäische Kommission, o.D.)

3.2.2 Bevölkerungsentwicklung

Vor dem Zweiten Weltkrieg bestand die Bevölkerung auf der Insel Usedom fast ausgenommen aus dort geborenen Familien. Durch den Krieg änderte sich die Bevölkerungsstruktur, da viele EinwohnerInnen der Insel vor der Roten Armee flohen und nicht mehr zurückkehrten. Dafür wurden vorübergehend Flüchtlinge aus den östlichen Gebieten des damaligen deutschen Reiches untergebracht, wovon einige sich auf der Insel niederließen. Zu DDR-Zeiten zog der jüngere Teil der Bevölkerung eher aufs Festland, um dort zu arbeiten. Kunstschaffende hingegen zog es auf die Insel und einige siedelten sich dort an. Nach der Wende dann kamen sowohl einige „Heimkehrer", aber auch Investoren und Idealisten, die in die Insel investieren wollten. (Haussmanns, Höhne, & Szerelmy, 2013)

Heute leben insgesamt 76.500 Menschen auf Usedom, wovon 31.000 deutsche Staatsbürger sind und 45.000 polnische (Nordlandsicht, o.D.). Die Insel schafft es relativ gut, ihre Bevölkerung zu halten, die Bevölkerungszahl ist stabil, denn durch den Tourismus auf der Insel entstehen viele Arbeitsplätze. Bis zu 85 Prozent der lokalen Bevölkerung lebt direkt oder indirekt vom Tourismus, allerdings profitieren die Menschen davon sehr unterschiedlich. (Rathke, 2016) (Jakob, 2016) (Spanhel, 2016) Die Löhne im Dienstleistungssektor sind niedrig und wenn die Hauptsaison vorüber ist und im Winter weniger BesucherInnen kommen, steigt die Arbeitslosigkeit (Rathke, 2016).

3.2.3 Wirtschaftsstruktur

Die Wirtschaft der Insel Usedom war einst von großen Gasthöfen und Forstbetrieben geprägt, deren Besitzer stets die Erträge kontrollierten. Beispielsweise war damals das Angeln in den Binnenseen strengstens verboten. Als Swinemünde zur Garnisonsstadt ausgebaut wurde kamen durch die neuen dort stationierten Militärs neue Verdienstmöglichkeiten, teils noch sehr bescheidene, nach Usedom. Durch die preußische Regierung wurde außerdem die Verbreitung des Fisches und der Heringsfang gezielt gefördert. Den Usedomer Fischern standen immer die Ostsee, die Binnenseen sowie das Achterwasser und das Haff zur Verfügung. Die traditionelle Fischerei, wie sie früher einmal betrieben wurde, besteht heute jedoch nicht mehr. Auch wenn Einheimische wie auch

Touristen den Fisch schätzen, betreiben heute nur noch wenige Fischer regelmäßig Fischfang. Eine richtige Fischereiindustrie gibt es auf Usedom nicht, da Natur- und Umweltschutz auch die Fischerei eingrenzt. Dies resultiert daraus, dass der Fischbestand in der Ostsee durch Überfischung und Verschmutzung stark zurückgegangen ist. (Haussmanns, Höhne, & Szerelmy, 2013)

Mitte des 19. Jahrhunderts setzte der Bäderboom auf der Insel ein und der Tourismus wurde zum Hauptwirtschaftsfaktor, was er noch bis heute geblieben ist. Die Wolgaster Peenewerft und die Landwirtschaft, die stark durch den geschützten Naturraum eingeschränkt ist, nehmen nur noch eine untergeordnete Position ein. Während der Saison werden viele Arbeitskräfte gesucht. Die Hotel- und die Gastronomiebranche stellen während dieser Zeiträume viele Arbeitskräfte aus dem benachbarten Polen ein. (Haussmanns, Höhne, & Szerelmy, 2013) Hinzu kommt, dass in Mecklenburg-Vorpommern allgemein mehr als 10.000 Beschäftigte als Leiharbeiter tätig sind und es überdurchschnittlich viele MinijobberInnen und befristete Beschäftigte mit Niedriglohn gib (dpa, 2017).

3.2.4 Tourismusentwicklung auf Usedom

Die Insel Usedom zählt zu den traditionellen deutschen Tourismusregionen. Schon im Kaiserreich entwickelte sich Usedom zu einer Tourismusattraktion, gerade für das Bürgertum aus Berlin. Mit dem Ausbau der Eisenbahnlinie zwischen Berlin und Swinemünde 1875 und der Gründung der Aktiengesellschaft Seebad Heringsdorf florierte der Tourismus stark und wurde zur bevorzugten Urlaubsinsel der Stettiner und Berliner. Nach und nach entstanden mehr Kaiserbäder und bis in die 1920er Jahre galt Usedom als die

„Badewanne Berlins“. Die Beliebtheit der verschiedenen Urlaubsorte auf Usedom wurde auch durch den Ersten Weltkrieg sowie die Weltwirtschaftskriese nicht beeinträchtigt.

Zu den BesucherInnen gehörten auch deutsche Juden. Dadurch entfaltete sich, wie auch in den Nordseebädern eine Verknüpfung zwischen dem Tourismus und dem lokalen Antisemitismus. Die Orte Bansin und Zinnowitz priesen schon vor 1933 an, besonders „judenfrei“ zu sein, während im Nachbarort Heringsdorf noch jüdische Gäste Urlaub machen durften. Der „Bäderantisemitismus“ war damals eine Art Pilotphänomen und machte Ausgrenzungen alltäglich, als sie im übrigen Deutschen Reich noch nicht üblich waren. (Müller L. , 2016) Die jüdischen BürgerInnen auf der Insel wurden relativ schnell ihres Besitzes enteignet, wozu Hotels und schöne Villen zählten, zum Profit von Naziorganisationen und Privatunternehmern. Durch die NS-Propaganda wurde Usedom zur deutschen Badeinsel und von Organisationen wie „Kraft durch Freude“ für Kinder und Jugend Erholungsfahrten genutzt. (Haussmanns, Höhne, & Szerelmy, 2013)

Nach dem Zweiten Weltkrieg war Usedom zwar unzerstört, aber maßlos überfüllt, da dort viele Flüchtlinge Asyl suchten. Zudem hatte die Insel durch die neu festgelegten Grenzen das Hinterland verloren und war von den Verkehrswegen abgeschnitten. 1952 sorgten dann Anfänge von staatlich organisierten Besuchen für Gäste auf der Insel. In der DDR war der staatlich organisierte Urlaub fester Bestandteil. Es entstanden Betriebsferienhäuser, zahlreiche Ferienlager für Kinder und Jugendliche, das Haus der Erholung und zahlreiche Camper entdeckten die Insel. Nach der Wende gab es auf der Insel eine Aufbruchsstimmung, welche viele Investoren aus dem Westen mit sich brachte, die auf der Suche nach günstigen Kaufobjekten waren oder einstiges Eigentum beanspruchten. Der Bauboom brachte eine verbesserte Infrastruktur mit sich. Die Bäderlinie wurde wieder in Betrieb genommen und die Usedomer Bäderbahn brachte die nötige Verkehrsinfrastruktur; Häuser wurden modernisiert, wobei der Stil der Bäderarchitektur beibehalten wurde und Bausünden so größtenteils vermieden werden konnten; die Seebrücken wurden saniert, Ortskerne verkehrsberuhigt und Promenaden umgestaltet. Kontinuierlich wird nun in die Infrastruktur investiert. Um die Insel sowie die Tourismusattraktionen optimal zu bewerben, schlossen sich einige Orte zusammen. Dazu zählen auch Ahlbeck, Heringsdorf und Bansin, die seit 2003 unter den „Drei Kaiserbädern" auftreten. Die Bäder der Inselmitte, Zempin, Koserow, Loddin und Ückeritz sind nun die „Bernsteinbäder". (Haussmanns, Höhne, & Szerelmy, 2013)

In den Jahren von 2003 bis 2013 ist zu erkennen, dass die Gästezahlen zwar gestiegen sind, jedoch nicht kontinuierlich. 2010 musste Usedom einen leichten Einbruch der Besucherzahlen verbuchen. Die Gästezahlen stiegen dann 2011 direkt wieder an, die Übernachtungen gingen jedoch noch einmal leicht zurück. 2013 kam es erneut zu einem kleinen Rückgang der Gästeankünfte und Übernachtungen. Politische Ereignisse wie der Einzug der National Demokratischen Partei (NPD) in den Landtag in Mecklenburg-Vorpommern hat keine Veränderungen in den Gästezahlen hervorgerufen.

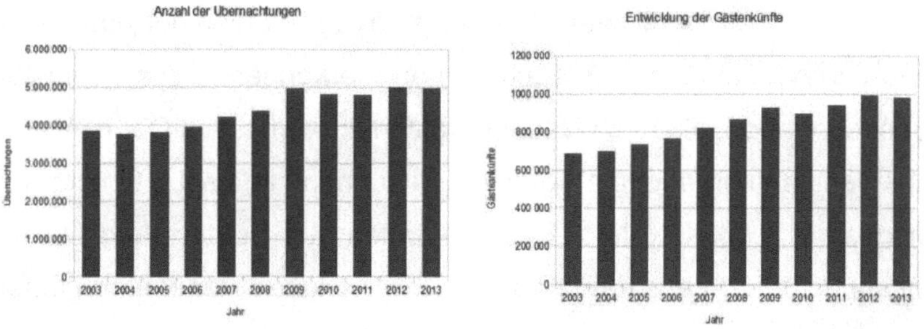

Abbildung 9: Entwicklung der Gästezahlen & Anzahl der Übernachtungen (Quelle: Usedom Guide, o.D.)

Gerade in den letzten Jahren ist Usedom als Urlaubsziel immer beliebter geworden. 2015 verbuchte die Insel 1.020.000 Mio. Ankünfte und 5.120.000 Mio. Übernachtungen. 2016 stiegen diese Zahlen dann um 6,7% auf 1.086.000 Mio. Ankünfte und um 4,8% auf 5.363.000 Mio. Übernachtungen an. Somit erreichte Usedom in 2016 die höchsten Gästezahlen. Für 2017 wurde ein Anstieg von acht Prozent prognostiziert (Jakob, 2016). „Tourismus ist mit sieben Milliarden Euro jährlichem Umsatz eine extrem wichtige Branche und der bedeutendste Imagefaktor für unser Land [Mecklenburg-Vorpommern].", erklärt der Sprecher des Tourismusverbandes Mecklenburg-Vorpommern, Tobias Woitendorf (Mumme, 2016).

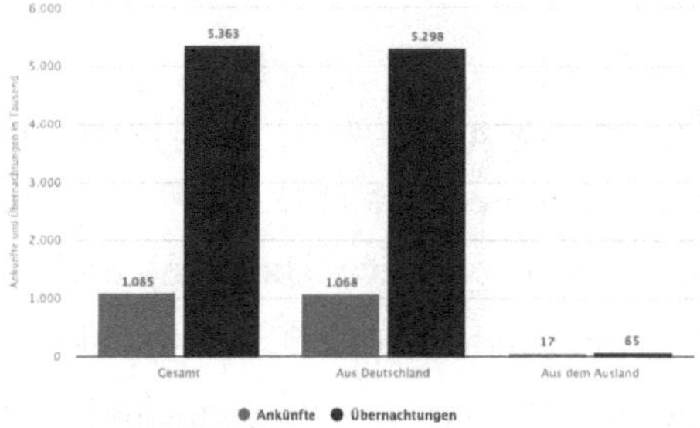

Abbildung 10: Anzahl der Ankünfte und Übernachtungen auf Usedom 2016 (Quelle: Statista, 2017)

Es lässt sich ein deutlicher Unterschied in den Zahlen der nationalen und internationalen BesucherInnen erkennen. Die meisten BesucherInnen, die nach Usedom reisen, kommen aus Deutschland, nur wenige internationale Touristen besuchen die Insel. 2016 kamen insgesamt 1.068.000 Mio. BesucherInnen aus Deutschland auf die Insel und 17.000 aus dem Ausland. Die stärksten Herkunftsregionen (siehe Tabelle 2) der Reisenden aus Deutschland sind der Großraum Berlin/Brandenburg und Sachsen, gefolgt von Niedersachsen und Nordrhein-Westfalen. Erst darauf folgt Mecklenburg-Vorpommern selbst.

Tabelle 2: Herkunftsstatistik deutscher Touristen (Quelle: Kaiserbäder auf Usedom, 2015)

(Angaben in %; Zahlen laut Kurtaxeabrechnungen)

	Ahlbeck	Heringsdorf	Bansin
Baden-Württemberg	2,7	2,4	3,1
Bayern	3,7	3,2	3,1
Berlin	18,0	17,5	19,5
Brandenburg	18,0	17,6	17,4
Bremen	0,6	0,5	0,5
Hamburg	2,1	2,3	2,2
Hessen	2,5	2,3	2,7
Mecklenburg-Vorpommern	7,2	9,1	6,7
Niedersachsen	8,2	10,6	7,6
Nordrhein-Westfalen	7,7	8,6	8,8

	Ahlbeck	Heringsdorf	Bansin
Rheinland-Pfalz	0,8	0,9	0,8
Saarland	0,2	0,1	0,1
Sachsen	12,5	11,1	12,3
Sachsen-Anhalt	7,3	6,0	6,3
Schleswig-Holstein	3,9	4,2	4,9
Thüringen	4,6	3,6	4,0

Die internationalen BesucherInnen (siehe Tabelle 3), die auf die Insel reisen, kommen besonders aus der Schweiz, aus Österreich (es gibt jetzt ein direktes Flugangebot von Wien nach Usedom) und aus Polen. Der Anteil der ausländischen Gäste an der Gesamtgästezahle auf der Insel ist weiterhin gering. Gerade bei den ausländischen Quellmärkten liegen noch große Potenziale, die erschlossen werden können.

Tabelle 3: Herkunftsstatistik ausländischer Touristen (Quelle: Kaiserbäder auf Usedom, 2015)

(Gästeankünfte 2015 in Betrieben ab zehn Betten für die Kaiserbäder Ahlbeck - Heringsdorf - Bansin und die Insel Usedom lt. Statistischem Amt M-V)

	Kaiserbäder	Differenz zu		Insel Usedom	Differenz zu	
	2015	2014	2014	2015	2014	2014
Ausland		(absolut)	(in %)		(absolut)	(in %)
Schweiz	3.189	-17	-0,5	5.845	55	0,9
Österreich	808	-284	-35,2	1.889	-246	-13,0
Polen	508	83	16,3	1.336	224	16,8
Dänemark	341	-49	-14,4	708	-152	-21,5
Schweden	279	-41	-14,7	1.144	136	11,9
Niederlande	225	7	3,1	1.406	16	1,1
Tschechien	149	23	15,4	1.348	203	15,1
andere. Länder	1.286	-123	-9,6	3.059	299	9,8
Ausland gesamt	6.785	-401	-5,9	16.735	535	3,2

3.2.5 Aktuelle Tourismusthemen

Auf Usedom gibt es momentan touristische Themen, die die Insel und seine BewohnerInnen stark beschäftigen und beeinflussen. Die Verkehrsinfrastruktur des Landkreises Vorpommern-Greifswald sorgt für eine gute Erschließung der Insel mit den wichtigen Hauptverkehrsachsen. Das Straßennetz ist gut ausgebaut und der Schienenverkehr wird durch die Usedomer Bäderbahn zwischen Bartz (Darß) und Swinemünde (über Stralsund und Greifswald bis Ahlbeck) unterstützt. Dies wird zusätzlich unterstützt vom Flughafen Heringsdorf, der UrlauberInnen und Geschäftsreisende auf die Insel bringt, und von den Häfen. (Landkreis Vorpommern-Greifswald, o.D.) Jedoch kommt es durch die ansteigenden Besucherzahlen jährlich gerade in den Sommermonaten zu kilometerlangen Staus an den Auffahrten zur Insel. Der Verkehr wird an den wichtigsten Verkehrsadern der Inseln immer wieder durch Ampeln zum Stoppen gebracht. Die Gemeinden sind der Meinung, dass die Lösung dafür der Bau von Kreisverkehren bringen könnte. Dazu sammelt eine Bürgerinitiative Unterschriften, damit Druck auf das Landesparlament Mecklenburg-Vorpommerns aufgebaut wird. Bisher gibt es nämlich nur wenige Kreisverkehre, wofür die Initiative das Verkehrsministerium in Schwerin größtenteils verantwortlich macht. Maßnahmen würden jedes Jahr verschoben und Vorschläge abgelehnt. (Rathke, 2017)

Darüber hinaus sollen im Norden der Insel weitere Großbauten geplant werden. In vielen Teilen der Insel wird gebaut, obwohl viele Gemeinden weitere Unterkünfte ablehnen. Dies hängt mit den Bebauungsplänen zusammen, die noch etwas älter sind. Somit besteht dort weiterhin Baurecht. Im Peenemünder Gesundheitspark sollen etwa 1000 Betten entstehen, jedoch befindet sich das Projekt noch in der Planungsphase und es gibt für die Beteiligten noch kein Baurecht. Ferner kommt es zu Flächenversiegelungen, da zu den Bauten auch neue Parkplätze gebaut werden müssen. Dies kann zu einem Wasseranstieg in den Gräben führen. BürgerInnen berichten, dass sie bereits im Verkehr ersticken und kaum noch selbst mit dem Auto ihre Grundstücke verlassen können auf Grund von parkenden Autos. Auch BesucherInnen hätten dies schon angemerkt und kämen jetzt nicht mehr wieder. Solange es auf den Grundstücken auf Usedom noch Baurecht gibt könnten weiterhin neue Unterkünfte gebaut werden, da Bauanträge oftmals bewilligt werden, wenn man die richtigen Leute kennt. Bei den BürgerInnen stoßen geplante große Bauprojekte auf Widerstand. (Ewert, 2017)

3.2.6 Politische Lage

Vergangenes Jahr, am 04.September 2016, fanden in Mecklenburg-Vorpommern die Landtagswahlen statt. Auffällig an den Wahlergebnissen war der hohe Stimmenanteil der AfD. Im Bundesland holte die AfD insgesamt 20,8% der Wählerstimmen. Im

Wahlkreis Vorpommern-Greifswald III, zu dem auch Usedom gehört, bekam die AfD sogar 32,3% der Stimmen und war stärkste Partei mit den meisten Wählerstimmen. Der Nebeneffekt, der als positiv bezeichnet werden kann, ist, dass der Erfolg der AfD die Stimmen der NPD absorbiert hat.

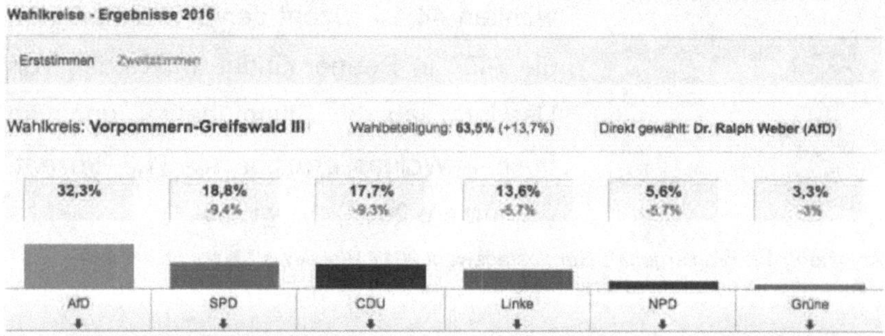

Abbildung 11: Ergebnisse Landtagswahl Wahlkreis Vorpommern-Greifswald III (Quelle: Mumme, 2016)

Ralph Weber, Kandidat der AfD bei den Landtagswahlen im Wahlkreis Vorpommern-Greifswald III, zu dem Usedom gehört, warb während des Wahlkampfs mit Slogans wie „Kein Geld für Eure ‚Flüchtlinge' – unser Geld für unsere Kinder" und erzielte damit das Direktmandat. Auf der Insel wurde die AfD überall stärkste Partei, vielerorts mit mehr als 30 Prozent oder sogar in einigen Teilen der Insel mit 40 Prozent. (Müller L. , 2016)

Bei der Bundestagswahl am 24. September 2017 erreichte die AfD erneut ein hohes Wahlergebnis, jedoch nicht nur in Mecklenburg-Vorpommern. In dem Wahlkreis Mecklenburgische Seenplatte I – Vorpommern-Greifswald II, zu dem Usedom zählt, wurde die AfD jedoch zweitstärkste Partei. Bei insgesamt 154 631 Wählern

(Wahlbeteiligung 69,5%) bekamt die AfD 23,5 Prozent der Wählerstimmen. Auf Usedom wurde die AfD stärkste Kraft. Die Insel entwickelt sich weiter zur Hochburg der AfD. Im kleinen Örtchen Garz, nahe der polnischen Grenzen, welches von den großen Urlaubsströmen abgehängt ist, wählten 44,1 Prozent der EinwohnerInnen die AfD. In Peenemünde, im Norden von Usedom, lag der Stimmenanteil genauso hoch. In Wolgast erreichte sie 31,3 Prozent. (Ludmann, 2017) (Voigt, 2017)

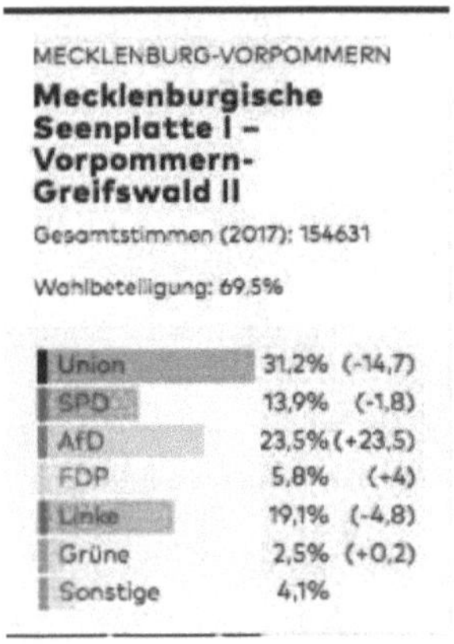

Abbildung 12: Wahlergebnis Bundestagswahl 2017 Wahlkreis Mecklenburgische Seenplatte I-Vorpommern Greifswald II

Wer aber wählt AfD? Eine Studie der Hans-Böckler-Stiftung fand heraus, dass Unzufriedenheit mit der Lebenssituation, die Angst vor Arbeitslosigkeit, Verunsicherung über die Zukunft und Abstiegsangst mit zu den Faktoren gehören warum die Rechtspopulisten solch einen Zulauf haben. Dabei ist die objektive soziale Lage einer Person, wie zum Beispiel das Einkommen, nicht die einzige Ursache für eine mögliche Unzufriedenheit. Die Rechtspopulisten konnten auf ein Wählerbündnis aus unterschiedlichsten Einkommensschichten zählen. Die Studie konnte einen dreifachen Kontrollverlust ermitteln, der sich auf die Entwicklungen auf „persönliche, politischer und nationalstaatlicher Ebene“ ausbreitet. Dazu zählen: 1. persönliche Zukunftssorgen (wie finanzielle Absicherung im Alter) und daraus entstehende Ängste; 2. subjektive Ohnmacht gegenüber der Politik; 3. wahrgenommener Kontrollverlust des Staates (AfD-WählerInnen sagen, der Staat sollte die Bevölkerung gegen äußere

Herausforderungen schützen; Migration steht an erster Stelle). (Hilmer, Kohlrausch, Müller-Hilmer, & Gagné, 2017)

Nach der Wahl wurden von vielen Seiten Stimmen laut wie es zu solch einem hohen Wahlergebnis der AfD kommen konnte. Gründe wie Protest an der Landesregierung und Frustration werden genannt, aber auch lokale Themen, wie die Schließung des Amtsgerichtes in Wolgast oder der Geburten- und Kinderstation. Tourismusakteure sagen dazu, dass der Hauptgrund dafür nicht Fremdenhass sei und auch nicht alle Wählenden Neonazis seien, sondern ProtestwählerInnen, die eine starke Unzufriedenheit spüren eventuell geschürt durch Abwanderung oder Arbeitsplatzmangel. Da es auf der Insel auch keine Geflüchteten gibt, sei dies keine Erklärung für die Wahlergebnisse. (Potts, 2017)

3.2.7 Tourismus und Politik

Der Tourismus kann durch sehr unterschiedliche Vorkommnisse beeinflusst werden, wie beispielsweise durch Umweltkatastrophen oder Anschläge. Ebenso können aber auch gesellschaftspolitische Ereignisse den Ruf einer Urlaubsregion negativ beeinflussen. Nach der Landtagswahl wurde oftmals in den Medien die Frage gestellt, ob auf Usedom nun die BesucherInnen ausbleiben würden. Dazu äußerten sich viele Tourismusakteure etwas beunruhigt und berichteten, dass das Image der Insel von den Wahlergebnissen und der darauffolgenden negativen Berichterstattung durchaus beeinflusst wurde. Viele waren sich jedoch einig, dass dieses gesellschaftspolitische Ereignis die Besucherzahlen und den Tourismus auf Usedom nicht negativ beeinflussen werden. In Dresden beispielsweise wurde ein Rückgang der Besucherzahlen verzeichnet, der auch auf die wöchentlichen Pegida-Demonstrationen in Dresdens Innenstadt zurückzuführen ist. 2015 sanken die Besucherzahlen um drei Prozent. Diesen Rückgang konnte Dresden 2016 noch nicht wieder aufholen, für 2017 liegen noch keine endgültigen Zahlen vor. (Potts, 2017)

Auch wenn es keinen bedeutenden Rückgang der Besucherzahlen auf Usedom durch die Landtagswahlen gegeben hat, wird angemerkt, dass viele BesucherInnen der Insel besorgt und erschrocken sind über den Ausgang der Wahl. Norbert Fiebig, Präsident des DRV, sagt, „Die Reisebranche steht für ein weltoffenes und gastfreundliches Deutschland. Tourismus und Fremdenfeindlichkeit passen nicht zusammen.“ (Neuerer, 2016) Fremdenfeindlichkeit war aber gar nicht der ausschlaggebende Grund warum so ein großer Teil der Bevölkerung sich bei der Wahl für die AfD entschieden hat, sondern große Unzufriedenheit. Die UrlauberInnen können diese Unzufriedenheit nicht recht verstehen, da sie dort im Urlaub nur die schönen Seiten der Insel sehen. Der Bürgermeister von Peenemünde, Rainer Barthelmes, berichtet, dass die BesucherInnen nichts mitbekommen von der Unzufriedenheit. (Rasche, 2016)

Der Einzug der NPD in den Landtag 2006 und 2011 hatte damals keine Veränderung in den Gästezahlen hervorgerufen. 2011 wählte fast jede/r vierte BürgerIn auf Usedom die NPD (Marx, 2012). Auch wenn die Wahlergebnisse 2006, 2011, 2016 und 2017 keinen Einfluss auf die Besucherzahlen hatten, dem Image der Insel Usedom haben sie nicht gutgetan, da sind sich Tourismusexperten einig. Dem kann entgegengewirkt werden, in dem man den BesucherInnen vermittelt, dass sich Usedom als Gastgeber nicht mit dem Ergebnis der Wahl identifiziert und positive Gesichtspunkte an die Touristen heranbringt. Die Wahlergebnisse können BesucherInnen davon abhalten, nicht mehr auf die Insel zu reisen, aber auch bestärken jetzt erst recht nach Usedom zu reisen. (Potts, 2017)

3.3 Fazit

Die Insel Usedom zählt mit zu den beliebtesten Urlaubsregionen in Deutschland, da sie mit ihrer traditionellen Bäderkultur, langen Sandstränden und naturräumlichen Gegebenheiten viel zu bieten hat. Die ursprüngliche Fischereiindustrie existiert nicht mehr und wurde von der Tourismusindustrie ersetzt, die nun den wichtigsten Wirtschaftszweig der Insel ausmacht. Der Tourismus auf der Insel floriert und steigt kontinuierliche an. Jährlich kommen mittlerweile über eine Million Gäste auf die Insel und tragen zu dem jährlichen Umsatz von sieben Milliarden Euro bei, der durch den Tourismus in Mecklenburg-Vorpommern generiert wird. Der Großteil der BesucherInnen kommt aus Deutschland mit den stärksten Herkunftsregionen Großraum Berlin/Brandenburg und Sachsen, gefolgt von Niedersachsen und Nordrhein-Westfalen. Nur ein geringer Teil der BesucherInnen kommt aus dem Ausland. Hierzu zählen vor allem die Quellmärkte Schweiz, Österreich und Polen.

Der stetig steigende Tourismus bringt jedoch auch negative Seiten mit sich. Seit Jahren hat die Insel Usedom ein erhebliches Verkehrsproblem. Der öffentliche Nahverkehr ist gut ausgebaut und auch der Flughafen sorgt dafür, dass BesucherInnen und Geschäftsreisende problemlos die Insel erreichen können. Durch die jährlich ansteigende Besucherzahl, von denen viele mit dem Auto anreisen, kommt es zur Hauptsaison zu kilometerlangen Staus an den Inselauffahrten. Dies wird zu einer starken Belastung für die BewohnerInnen Usedoms. Zudem sind weitere Großbauten auf der Insel geplant, um noch mehr Touristen empfangen und unterbringen zu können. Durch weitere Bauprojekte verschärft sich die Situation der Flächenversiegelungen, der Parkplatzsituation und des Wasseranstieges in den Gräben.

Der Tourismus bringt Wirtschaft auf die Insel, denn bis zu 85 Prozent der lokalen Bevölkerung leben direkt oder indirekt vom Tourismus. Augenscheinlich geht es der Insel also gut, aber die lokale Bevölkerung zeigt eine große Unzufriedenheit. Auslöser dafür sind lokale Gründe, wie die Schließung des Amtsgerichtes oder der Geburten- und Kinderstation in Wolgast, sowie eine hohe Frustration durch Abwanderung, Protest gegen die Landesregierung und Arbeitsplatzmangel. Als Resultat wählten über 30 Prozent der Usedomer Bevölkerung bei der Landtagswahl im September 2016 die AfD. Experten sprechen von einer klassischen Protestwahl. Auch bei der Bundestagswahl im September 2017 erreichte die AfD hohe Wählerzahlen und wurde die stärkste Kraft auf der Insel.

Gerade das hohe Wahlergebnis der AfD bei den Landtagswahlen hat viele Tourismusakteure auf der Insel, aber auch BesucherInnen, besorgt und erschrocken. Die Tourismuswirtschaft lebt davon, dass sowohl inländische wie auch ausländische BesucherInnen auf die Insel kommen, und ist besorgt, dass der Fremdenhass, der durch die AfD geschürt wird, BesucherInnen nun davon abhalten könnte die Insel zu besuchen. Bis jetzt haben die Wahlergebnisse keinen

Einfluss auf die Besucherzahlen genommen, jedoch Usedom ein Image der „Insel der AfD“ verpasst.

4 Methodik

4.1 Auswahlkriterien des Untersuchungsortes

Die Insel Usedom ist ein repräsentatives Beispiel für einen touristischen Hotspot in Deutschland. Seit Jahrzenten zählt der Tourismus auf der Insel zu einem der wichtigsten Wirtschaftszweige. Jedoch scheint auf der Insel eine merkliche Unzufriedenheit zu herrschen. Sowohl bei der Landtagswahl im September 2016 wie auch bei der Bundestagswahl im September 2017, wählte ein Großteil der Bevölkerung von Usedom die rechtspopulistische Partei AfD. Für viele EinwohnerInnen war gerade die Landtagswahl eine Protestwahl gegen die Landesregierung. Es ist jedoch verwunderlich, dass eine Insel, auf der der Tourismus einer der wichtigsten Wirtschaftszweige ist, eine Partei wählt, die sich öffentlich gegen Ausländer und Einwanderung ausspricht.

Die Autorin dieser Forschungsarbeit bearbeitete zuvor in einer Projektarbeit das Thema „ob rechtspopulistische Tendenzen in Politik und Gesellschaft den Tourismus beeinflussen“, in der Usedom bereits schon als Fallstudie verwendet wurde. Die Projektarbeit konzentrierte sich ausschließlich auf eine Medienanalyse, wobei die Bürgerperspektive außen vorgelassen wurde. Die Projektarbeit weckte das Interesse für die Ergründung der Unzufriedenheit in der lokalen Bevölkerung. Es sei jedoch gesagt, dass diese Forschungsarbeit nicht versucht einen Zusammenhang zwischen der Tourismusakzeptanz und den AfD-Wählerzahlen herzustellen. Es soll lediglich erforscht werden inwiefern die Unzufriedenheit der BürgerInnen mit dem Tourismus zusammenhängt und wie die Akzeptanz der lokalen Bevölkerung gegenüber dem Tourismus ist.

4.2 Hypothesenbildung

Auf Grundlage der Literatursichtung in Kapitel 2 und 3 wurden Hypothesen aufgestellt, die zur besseren Beantwortung der Forschungsfrage „*Wie ist die Akzeptanz der lokalen Bevölkerung auf Usedom dem Tourismus gegenüber?*" dienen sollen. Der Zugang zur Untersuchung, der in dieser Forschungsarbeit relevant ist, ist der explanative Zugang. Diese Art der Forschung beschäftigt sich mit der „[...] Ableitung und Prüfung von gut begründeten Hypothesen und Theorien [...]" (Raab-Steiner & Benesch, 2008). Forschungshypothesen beschreiben Zugangsweisen an die Forschung und dienen zur Erkenntnisgewinnung, die zu Beginn des Forschungsprozesses noch unbekannt ist (Lucke, 1995).

Hypothese:

1. ***Die lokale Bevölkerung ist dem Tourismus gegenüber positiv eingestellt.***
2. ***Bei der im Tourismus tätigen Bevölkerung ist eine größere Akzeptanz dem Tourismus gegenüber zu erkennen, als bei den Teilen der Bevölkerung, die nicht im Bereich Tourismus tätig sind.***
3. ***Je stärker die lokale Bevölkerung auf Usedom negativ vom Tourismus betroffen ist, desto niedriger ist deren Akzeptanz gegenüber dem Tourismus.***

4. ***Je mehr die BürgerInnen sich in Entscheidungen auf der Insel einbezogen fühlen, desto größer ist ihre Akzeptanz.***
5. ***Die Tourismusakzeptanz unterscheidet sich nach soziodemographischen Faktoren[6].***

4.3 Methodische Vorgehensweise

Da es bis zum jetzigen Zeitpunkt so gut wie keine auffindbaren Untersuchungen im Bereich der Akzeptanzforschung im Tourismus in Deutschland gibt, dient diese Forschungsarbeit zur Erweiterung der bereits bestehenden Literatur, sowie zur praktischen Verwendung für Tourismusakteure in Mecklenburg-Vorpommern und Usedom. Die Forschungsmethode, die dafür ausgewählt wurde, ist quantitativer Natur und konzentriert sich auf eine Befragung in der lokalen Bevölkerung auf Usedom. Durch die schriftliche Befragung kann eine größere Stichprobe untersucht werden und die Aufwandskosten geringgehalten werden. (Raab-Steiner & Benesch, 2008) (Raithel, 2008) Um die Einstellung der lokalen Bevölkerung in verschiedenen Orten der Insel zu ermitteln und somit mögliche Akzeptanzprobleme zu analysieren, sollte im Rahmen der Befragung ausreichend Datenmaterial generiert werden, was zur weiteren Bearbeitung dieser Forschungsarbeit dient und die zuvor aufgestellten Hypothesen beantwortet. Die quantitative Befragung wurde daher mittels eines standardisierten Fragebogens durchgeführt (Diekmann, 2004) (Raab-Steiner & Benesch, 2008), der in Gruppen der sozialen Netzwerke Facebook und Xing verbreitet wurde. Digitale, web-

---

[6] Untersuchungen haben festgestellt, dass soziodemographische Merkmale wie der Bildungsgrad oder das Alter der Befragten Einfluss auf die Akzeptanz von Naturschutzmaßnahmen nehmen kann (Job, 1996) (Weiß, 1998) (Beckmann, 2003). Diese Hypothese soll untersuchen, ob dies auch für den Tourismus zutrifft.

gestützte Fragebögen ermöglichen eine komplette automatisierte Auswertung (Diekmann, 2004). Andere Forschungsarbeiten zum Thema Akzeptanz in der lokalen Bevölkerung oder unter anderen Personengruppen wendeten ähnliche Forschungsansätze an. Ruschkowski (2009) wählte für seine Dissertation zu dem Thema „Akzeptanzprobleme von Großschutzgebieten" ebenfalls das Umfragedesign, um Daten zur Analyse von Akzeptanzproblemen zu erlangen (Ruschkowski, 2009). In seiner Diplomarbeit zum Thema „Akzeptanzanalyse in Dachmarkenprozessen in der Regionalentwicklung" verwendete Altmann (2011) ebenfalls eine Befragung, die er zudem auch online durchführte (Altmann, 2011). Die zuvor durchgeführte Recherche führte dazu, dass eine Umfrage das passende Forschungsdesign für die Forschungsarbeit und für die Beantwortung der Forschungsfrage liefert.

4.4 Stichprobe und Grundgesamtheit

Um einen Sachverhalt zu untersuchen und die aufgestellten Hypothesen zu prüfen, muss genau dargelegt werden, welche Personengruppen erforscht werden. Hierzu gibt es, wie bereits in Kapitel 2.5 erwähnt, verschiedene Auswahlverfahren: die Vollerhebung einer Grundgesamtheit, welche in diesem Fall die gesamte Population von Usedom wäre, oder die sogenannte Stichprobe, bei der eine Verallgemeinerung auf die Grundgesamtheit vorgenommen wird. Da eine Vollerhebung in diesem Falle zu kostspielig und langwierig gewesen wäre, wird sich in dieser Forschungsarbeit auf die Stichprobe, oder auch sample genannt, bezogen. (Raithel, 2008) *„Eine Stichprobe stellt eine Teilmenge aller Untersuchungseinheiten dar, die die untersuchungsrelevanten*

Eigenschaften der Grundgesamtheit möglichst genau abbilden" (Bortz, 1993)

Die Auswahl der Stichprobe der lokalen Bevölkerung auf Usedom erfolgte willkürlich. Die willkürliche Auswahl (convenience sample) zählt zu den nicht-zufallsgesteuerten Verfahren. Diekmann (2004) erklärt, dass willkürliche Stichproben gerade dann herangezogen werden können, wenn eine hypothesenprüfende Untersuchung vorgenommen wird. (Diekmann, 2004) Durch die Verbreitung des Online-Fragebogens in Facebook Gruppen und einer Xing- Gruppe konnten optimal n=16.022 Mitglieder erreicht werden. Es ist jedoch hinzuzufügen, dass es Mitglieder gibt, die Facebook beispielsweise nur noch selten oder gar nicht mehr nutzen, Benachrichtigungen der Gruppen ausgestellt haben und somit über den Post nicht informiert werden oder die Gruppen nicht regelmäßig besuchen. Außerdem musste jeder Post in vielen der ausgewählten Gruppen vom Administrator akzeptiert werden, bevor dieser in der Gruppe angezeigt werden konnte. Problematisch war zudem, dass durch die große Anzahl von Mitgliedern in jeder Gruppe konstant neuer Content[7] hinzugefügt worden ist, was bedeutet, dass der Fragebogenpost schnell nach unten gerutscht ist. Insgesamt konnte der Post in sechs Facebook-Gruppen und einer Xing-Gruppe geteilt werden (siehe Anhang II). Literaturangaben zur erforderlichen Mindestgröße von Befragungen liegen oftmals zwischen n=100 bis n=200 je nach verwendeten Verfahren (Backhaus, Erichson, Plinke, & Weiber, 2005) (Müller W. , 2005). Da die Umfrage dazu dienen sollte, ein allgemeines Stimmungsbild der lokalen Bevölkerung zum

[7] Im deutschen *Inhalt*. Begriff wird häufig im Bereich der sozialen Medien verwendet.

Thema Tourismus auf ihrer Insel zu erstellen, schien eine Stichprobe von n=100 bis n=150 TeilnehmerInnen angemessen. Insgesamt starteten 150 Menschen den Fragebogen, 43 brachen jedoch während der Beantwortung ab, was eine brauchbare Stichprobe von 107 beantworteten Fragebögen ergab.

4.5 Der Fragebogen

4.5.1 Aufbau und Inhalte des Fragebogens

Der Fragbogen[8], der in dieser Forschungsarbeit verwendet wurde, ist so entworfen worden, dass er von den TeilnehmerInnen unabhängig ausgefüllt werden konnte und somit ihre Antworten nicht beeinflusst werden konnten. Zudem musste der Fragebogen so konstruiert werden, dass er von verschiedenen Bevölkerungsteilen verstanden und beantwortet werden konnte (Raab-Steiner & Benesch, 2008). Dabei wurde ebenfalls darauf geachtet, dass der Fragebogen nicht zu lang wird, um zu verhindern, dass viele TeilnehmerInnen während der Beantwortung abbrechen. In etwa benötigte der TeilnehmerInnen zum Ausfüllen des Fragebogens fünf bis zehn Minuten, je nachdem ob die Befragten auch die offenen Fragen beantwortet haben.

Die erste Seite des Fragebogens beinhaltete eine Einleitung. In dieser Einleitung wurden folgende Inhalte kurz erörtert: eine kurze Darstellung der Autorin dieser Arbeit; Darstellung des Themas der Umfrage und eine Erklärung der Weiterverwendung der Daten; der Hinweis, dass jede Beantwortung sehr wichtig ist und geschätzt wird; eine Zusicherung der Anonymität; Kontaktangaben für mögliche

[8] Der gesamte Fragebogen kann in Anhang I eingesehen werden.

Fragen, Anregungen und Feedback und zuletzt ein Dankschön für die Bearbeitung.

Insgesamt bestand der Fragebogen aus 13 Fragen, sowie einigen Zusatzfragen bezüglich der demographischen Angaben der Befragten. Die Umfrage bestand zum größten Teil aus geschlossenen Fragen, die durch das Ankreuzen von vorgegeben Kategorien beantwortet wurden. Dies sollte zum Schluss die Auswertung erleichtern und die Objektivität erhöhen (Raab-Steiner & Benesch, 2008). Zudem wurde versucht, einen thematisch roten Faden bei der Fragestellung zu beachten, um den Befragten die Beantwortung zu erleichtern. Um verwertbare Daten zu erhalten, wurden ein Großteil der Fragen als Pflichtfragen markiert und musste von den Befragten beantwortet werden, um mit dem Fragebogen fortfahren zu können.

Die ersten fünf Fragen waren sogenannte „Eisbrecherfragen". Diese Fragen sollten die Befragten unmittelbar ansprechen und ihr Interesse wecken. Außerdem leiteten diese in das Thema ein und waren leicht zu beantworten. (Raithel, 2008) (Schnell, Hill, & Esser, 2013) Hier wurde die jeweilige teilnehmende Person zu seiner bzw. ihrer Herkunft und Usedom als Wohn- und Urlaubsort befragt.

Darauffolgend konnte nach drei Themenblöcken unterschieden werden. Themenblock I (Frage 6-10) beschäftigte sich ausschließlich mit Fragen in Bezug auf den Tourismus, während Themenblock II (Frage 11-12) sich mit Fragen zu weiteren gesellschaftlichen und politischen Themen auseinandersetzte. Der Themenblock III beinhaltete Frage 13, eine offene Frage, die nach

Veränderungswünschen im Allgemeinen in Bezug auf die Insel Usedom fragte.

Der Themenblock Eins startete mit der Frage 6, bei der dem Befragten 16 Aussagen zum Tourismus auf Usedom gegeben wurden, die dann auf einer Rankingskala bewertet werden sollten. Die hier verwendete Likert-Scala bestand aus den vier Dimensionen mit den verbalen Skalenbezeichnungen „stimme zu“, „stimme ehr zu“, „stimme eher nicht zu“ und „stimme nicht zu“. Bewusst wurde hier die vierstufige Ratingskala verwendet, da die Verwendung von Mittelkategorien misslichen Einfluss auf den Informationsgehalt des Fragebogens haben kann. (Raab-Steiner & Benesch, 2008) Die Aussagen wurden von positiv zu negativ geordnet. Diese Frage sollte dabei helfen herauszufinden, inwiefern die Bevölkerung auf Usedom verschiedene touristische Veränderungen oder Aspekte bewertet.

Die Fragen 7 bis 9 waren prinzipiell geschlossene Fragen. Bei Frage 7 wurde der TeilnehmerInnen gefragt, ob er oder sie im Tourismus tätig sei. War die Antwort „Ja, saisonal Vollzeit/Teilzeit), wurde der Befragte noch gebeten die Zeit mit Monatsangaben einzugrenzen. Frage 8 konnte mit einem „Ja“ oder „Nein“ beantwortet werden, Frage 9 gab der teilnehmenden Person eine Mehrfachvorgabe mit Rangordnung. Der Befragte konnte aus den Antworten „Ja, immer“, „Ja, meistens“, „Eher nicht“, „Gar nicht“ oder „Ist mir nicht wichtig“ auswählen. In der Frage 10 wurde danach gefragt, ob der Tourismus auf Usedom die befragte Person „Positiv“ oder „Negativ“ beeinflusst. Dies war eine Mischfrage, da es zumal die Antwortkategorien „Ja, positiv“, „Ja, negativ“ und „Nein“ gab, jedoch zusätzlich noch eine offene Kategorie. Antwortete die befragte Person mit „Ja, positiv“ oder

„Ja, negativ“ wurde noch um eine Erklärung gebeten, die optional war.

Der zweite Themenblock beschäftigte sich mit den allgemeinen Interessen der lokalen Bevölkerung auf Usedom, sowie politischen und gesellschaftlichen Aspekten. Frage 11 war auch eine geschlossene Frage mit Mehrfachvorgabe und Rangordnung. Auch hier konnte wieder aus den Antwortmöglichkeiten „Ja, immer“, „Ja, meistens“, „Eher nicht“, „Gar nicht“ oder „Ist mir nicht wichtig“ ausgewählt werden. Die Frage 12 fragte nach der Wichtigkeit 12 verschiedener politischer Aufgabenbereiche. Auch hier wurde wieder eine vierdimensionale Likert-Scala verwendet. Die befragte Person konnte mit folgenden Antwortmöglichkeiten bewerten: „Sehr wichtig“, „Eher wichtig“, „Weniger wichtig“, „Unwichtig“. Das Ziel dieser Frage war es herauszufinden, wie die lokale Bevölkerung zu bestimmten politischen Themen steht, worauf im Nachhinein eventuell Rückschlüsse auf das Wahlverhalten der BürgerInnen gezogen werden konnte. Die ausgewählten Aufgabenbereiche wurden von der Wahl-O-Mat Webseite zur Bundestagswahl gefiltert und zeigten Aspekte des Wahlprogramms der verschiedenen Parteien.

Nach der offenen Frage 13 im dritten Themenblock bezüglich Wünschen und Verbesserungen für die Insel Usedom, sollten die befragten Personen noch Auskunft zum Alter, Geschlecht und Erwerbstätigkeit geben, sowie ob sie Mitglied einer Bürgerinitiative[9] sind. Der Fragebogen endete mit einer erneuten Danksagung für die Beantwortung des Fragebogens.

---

[9] Die Ergebnisse dieser Frage wurden zwecks mangelnder Antworten nicht mit in die Analyse einbezogen.

4.5.2 Vortest

Bevor der fertige Fragebogen angewendet werden konnte, musste ein Pretest anhand einer kleinen Stichprobe durchgeführt werden. Dieser Vortest untersucht den Fragebogen auf seine Qualität und Brauchbarkeit. Dieser Probedurchlauf ist unerlässlich, um die Bearbeitungsdauer und die Verständlichkeit des Inhalts des Fragebogens zu überprüfen. Ist der Pretest abgeschlossen, kann der Fragebogen nochmal unter verschiedenen Aspekten betrachtet werden. Hierzu zählen die Verständlichkeit der Fragen, die Bearbeitungsdauer, das Layout, die Länge des Fragebogens und ob der Befragte durch die Stellung der Fragen in eine bestimmte Richtung gedrängt wird. (Raab-Steiner & Benesch, 2008)

Der Pretest für diese Forschungsarbeit wurde an zehn unabhängige Personen übermittelt und auf seine Machbarkeit und Verständnis geprüft. Binnen kurzer Zeit übermittelten die Testpersonen alle Auffälligkeiten, Verbesserungsvorschläge, Verständnisprobleme und all jene Dinge, die ihnen bei der Bearbeitung auffielen. Die Anregungen aus dem Pretest wurden dann in den Fragebogen eingearbeitet.

4.5.3 Technische Durchführung der Umfrage

Der Fragebogen für diese Forschungsarbeit wurde den Teilnehmenden in Form einer Onlinebefragung zur Verfügung gestellt. Bei der Auswahl der Befragungsmethode fiel die Wahl anlässlich diverser Gründe zugunsten einer Befragung über das Internet aus. Hierzu zählen insbesondere die Kosten- und Zeiteinsparung, da die Befragung, sowie die Auswertung digital stattfinden, somit keine Versandkosten aufkommen und sich Umfragen so viel schneller realisieren lassen. Auch die sofortige Verfügbarkeit der Daten spricht für die Onlinebefragung. Die Daten sind in Echtzeit verfügbar und können zu jedem Zeitpunkt eingesehen werden. Onlinebefragungen versprechen des Weiteren eine hohe Qualität der Daten bedingt durch ehrliches Antwortverhalten der Befragten, welches darauf zurückzuführen ist, dass es keinen Interviewer-Effekt gibt und der Fragebogen direkt online ausgefüllt wird. Ebenfalls wird so „soziale Erwünschtheit" vermieden, bei der es um die Neigung geht, auf gewisse Fragen zu antworten, wie es den scheinbaren sozialen Normen entspricht (Raab-Steiner & Benesch, 2008). Zudem wird die manuelle Erfassung der Daten in den Computer eingespart, die oft mit Fehlern verbunden ist. (Netigate, o.D.)

Nachdem verschiedene Online Umfrageangebote verglichen wurden, sowie auf Empfehlungen hin, wurde das Umfrage-tool LamaPoll[10] für die Durchführung verwendet. LamaPoll zeichnet sich besonders durch eine einfache Handhabung, kostenfreie Nutzung für Studenten, Kompatibilität der Fragebögen mit allen Endgeräten, professionelle Auswertung und zahlreiche Ausgabemöglichkeiten (beispielsweise zu Excel, SPSS) aus. Zudem bietet LamaPoll ein gutes, klares Layout. (LamaPoll, o.D.)

Das Startdatum der Befragung war der 18.Oktober 2017. Dazu trat die Autorin dieser Arbeit verschiedenen Facebook Gruppen und einer Xing Gruppe (siehe Anhang II) bei, die sich mit verschiedenen

[10] https://www.lamapoll.de/

Themen auf der Insel Usedom beschäftigen. Nach der Bestätigung des Beitretens in die Gruppe durch den Administrator wurde ein kurzer Post verfasst, der umgangssprachlich das Vorgehen und den Inhalt der Umfrage beschrieben hat, der Link zu der Online-Befragung beigefügt, sowie eine Bitte ausgesprochen, an der Befragung teilzunehmen und die Umfragedauer. Der Verbund unabhängiger Journalisten auf Usedom berichtete auf seiner Facebook Seite ebenfalls über die Umfrage. Nach einer Woche erfolgte ein Erinnerungspost in den jeweiligen Gruppen, um die TeilnehmerInnen, die noch nicht an der Umfrage teilgenommen hatten, nochmals zu ermutigen. Der Befragungszeitraum endete am 02. November 2017.

Die Umfrage kann in zwei Phasen eingeteilt werden. Die erste Phase dauerte eine Woche und reichte vom ersten Post am 18. oder 19.Oktober 2017 (je nach Bestätigungszeitraum der Beitrittsanfrage in der Gruppe durch den Administrator) bis zum Erinnerungspost am 25. Oktober 2017. Die zweite Phase reichte von der ersten Erinnerung bis zum Umfrageschluss am 02. November 2017. Dabei ließen sich gerade in den ersten Tagen der ersten Phase die höchste Anzahl an TeilnehmerInnen erkennen (19.10.: 36 TeilnehmerInnen; 20.10.: 27 TeilnehmerInnen). Insgesamt nahmen in der ersten Phase der Großteil (90 TeilnehmerInnen) der Personen an der Umfrage teil. Nach der ersten Erinnerung fiel der Rücklauf nur noch sehr gering aus.

4.6 Auswertung

Die erlangten Daten wurden vor der eigentlichen statistischen Analyse zunächst aufbereitet und anhand von Diagrammen, Tabellen und Grafiken visualisiert (Diekmann, 2004). Dies erfolgt in erster Linie, um sich einen Überblick zu verschaffen und zentrale Informationen herauszufiltern. (Raab-Steiner & Benesch, 2008) Die Daten der beantworteten Fragebögen wurden automatisch von der Umfragesoftware LamaPoll digital festgehalten, für die Auswertung aufbereitet und ausgewertet. Eingeschlossen darin war automatisch die Fehlerkontrolle und -bereinigung, verursacht durch abgebrochene Fragebögen.

Die Grundgesamtheit, bestehend aus den 107 beantworteten Fragebögen, wurde, wenn erforderlich, zur Betrachtung in unterschiedliche Merkmalsausprägungen unterteilt, wie beispielsweise männlich/weiblich, Alter oder im Tourismus tätig oder nicht. Die offenen Fragen (zum Beispiel in Frage vier „Begründen Sie Ihre Antwort“ oder bei Frage 13 „Welche Veränderungen/Umsetzungen wünschen Sie sich im Allgemeinen in Bezug auf die Insel Usedom?“) konnten auf Grund ihrer unterschiedlichen Formulierungen nicht anhand des Programmes ausgezählt werden. Diese wurden, wenn möglich, in Themengruppen zusammengefasst und händisch ausgewertet.

4.7 Fazit

Die Erfassung der Tourismusakzeptanz in der lokalen Bevölkerung auf Usedom erfolgte durch eine Online-Umfrage auf der Basis eines standardisierten Fragebogens. Der Fragebogen wurde basierend auf der in den Kapiteln 2 und 3 erstellten Literaturzusammenfassung und daraus aufgestellten Hypothesen verfasst. Hypothesen sollen den

Zugang an die Forschung erleichtern und zur späteren Erkenntnisgewinnung beitragen.

Der Online-Fragebogen, bestehend aus 13 geschlossenen und offenen Fragen, sowie demographischen Fragen, wurde über die sozialen Netzwerke verbreitet. Dafür wurde in diversen Facebook- und einer Xing-Gruppe ein Aufruf zur Beteiligung an der Umfrage gestartet. Zuvor wurde ein Pretest mit zehn unabhängigen Personen durchgeführt, der Unverständlichkeiten, sprachliche Fehler und Verbesserungen aufdecken sollte. Mit dem Aufruf in den sozialen Medien sollte willkürlich ein Teil der lokalen Bevölkerung auf Usedom erreicht werden, um ein Stimmungsbild der BewohnerInnen zu erlangen. Die Umfrage lief insgesamt über zwei Wochen, wobei nach der ersten Woche noch einmal eine Erinnerung rausgeschickt wurde. Die Methode der Online-Umfrage wurde aus Zeit- und Kostengründen ausgewählt. Das dafür verwendete Programm LamaPoll hielt dafür die Daten der beantworteten Fragebögen automatisch fest, bereitete diese auf und vereinfachte die Auswertung durch Graphiken und Statistiken. So konnten die insgesamt 107 brauchbaren Fragebögen für die Ergebnisdarstellung verwendet werden.

5 Darstellung der Ergebnisse

5.1 Demographische Daten

In den folgenden Kapiteln werden die Ergebnisse der empirischen Untersuchung dargestellt. Die Ergebnisdarstellung verfolgt in etwa den Aufbau des Fragebogens. Die Themenblöcke werden jedoch teils noch einmal unterteilt, um die Darstellung zu vereinfachen.

Insgesamt starteten 150 Personen den Fragebogen, 43 davon brachen jedoch an unterschiedlichen Stellen die Umfrage ab. Somit wurden für die Auswertung der Einwohnerbefragung die 107 verwertbaren Fragebögen verwendet. Die Umfrageergebnisse geben ein allgemeines Stimmungsbild der Bevölkerung wieder und lassen Schlussfolgerungen zur allgemeinen Akzeptanz des Tourismus zu.

Die Verteilung der Geschlechterdemographie in dieser Forschungsarbeit weist relativ große Unterschiede auf. 63[11] Prozent der Befragten waren weiblich und 37 Prozent männlich. Dies könnte darauf zurückzuführen sein, dass Frauen generell eine größere Bereitschaft aufweisen, sowohl an internetgestützten Umfragen, sowie an schriftlichen Befragungen teilzunehmen, wie in einer Lehrendenbefragung der Universität Bremen festgestellt wurde (Jackob, Schoen, & Zerback, 2009).

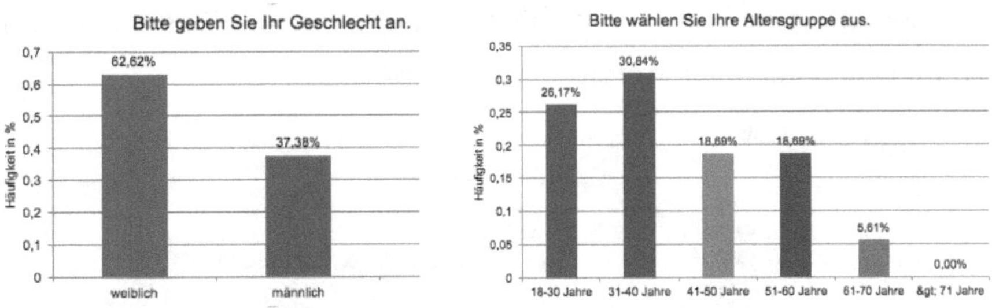

Abbildung 13: Geschlecht und Altersgruppen der Befragten

Etwas mehr als die Hälfte der Befragten war in den Altersgruppen (siehe Abbildung 13) zwischen 18 und 40 Jahren (57 Prozent). 26 Prozent der Befragten waren zwischen 18 und 30 Jahren alt. Das

---

[11] Im weiteren Verlauf werden bei der Ergebnisdarstellung auf und abgerundete Prozentzahlen verwendet. Im Anhang III werden die Tabellen mit den genauen Prozentzahlen aufgeführt.

höchste Ergebnis erreichten die 31- bis 40-Jährigen. 31 Prozent der Befragten waren in dieser Altersgruppe anzusiedeln. Jeweils 19 Prozent der Befragten waren zwischen 41 bis 50 Jahren und 51 bis 60 Jahren alt. Die kleinste Gruppe der Befragten machte die Gruppe der 61- bis 70-Jährigen aus. Nur sechs Prozent dieser Altersgruppe beantworteten den Fragebogen. Keiner der Befragten war über 71 Jahre alt. Die geringe Antwortquote der TeilnehmerInnen zwischen 61 und 70 und der über 71-Jähigen ist wohlmöglich darauf zurückzuführen, dass höhere Altersgruppen nicht unbedingt Mitglieder auf Facebook sind.

Auf die Frage, ob die befragte Person erwerbstätig sei (siehe Abbildung 14), antworteten nur sechs Prozent, dass sie nicht erwerbstätig seien. Von den 107 TeilnehmerInnen gaben 80 an, dass sie zurzeit angestellt und zehn, dass sie selbstständig seien. Weitere vier Personen waren Rentner und fünf wählten die Option Sonstige. Interessant ist, dass unter den Befragten keine Studenten oder Schüler anzutreffen waren.

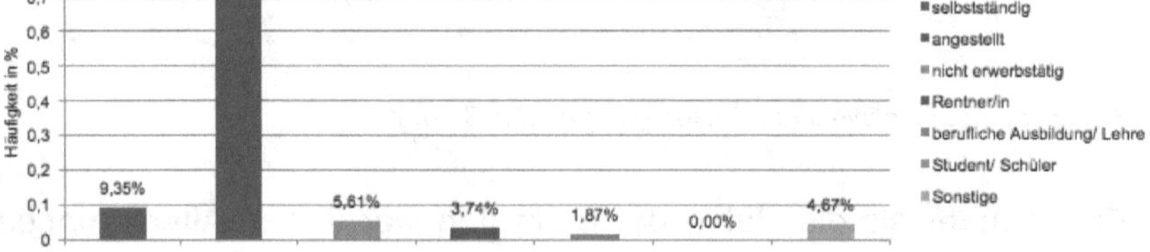

Abbildung 14: Erwerbstätigkeit der Befragten

Von allen Befragten kamen mehr als die Hälfte gebürtig von Usedom (55 Prozent); 45 Prozent sind erst im Laufe ihres Lebens zugezogen.

Die Angaben, seit wann die Personen auf der Insel wohnen, unterschieden sich deutlich. 37 der 48 Personen, die angegeben haben, dass sie nicht gebürtig von der Insel stammen haben Angaben dazu gemacht, seit wann sie auf der Insel wohnen. Die Daten variierten zwischen einem und fünfzig Jahren. 93 der Befragten gaben an, dass ihr Hauptwohnsitz auf Usedom ist, 14 verneinten dies.

Die Frage *„Leben Sie gerne auf Usedom?“* sollten die TeilnehmerInnen mit Schulnoten von eins bis sechs bewerten. Es ist zu erkennen, dass die absolute Mehrheit darauf mit eins, zwei und drei antwortete. Insgesamt vergaben 36 Prozent der Befragten eine eins und verdeutlichten damit, dass sie sehr gerne auf Usedom leben. 26 Prozent bewerteten diesen Zustand mit einer zwei und 22 Prozent mit einer drei. Jedoch gab es auch einen kleinen Teil, der auf diese Frage eher negativ antwortete. Acht Prozent bewerteten die Frage mit einer vier und zwei Prozent mit einer fünf. Die Abbildung 15 zeigt, dass sogar fünf Prozent angaben, dass sie überhaupt nicht gerne auf Usedom leben. Der Durchschnittswert aller abgegeben Antworten lag bei 2,27.

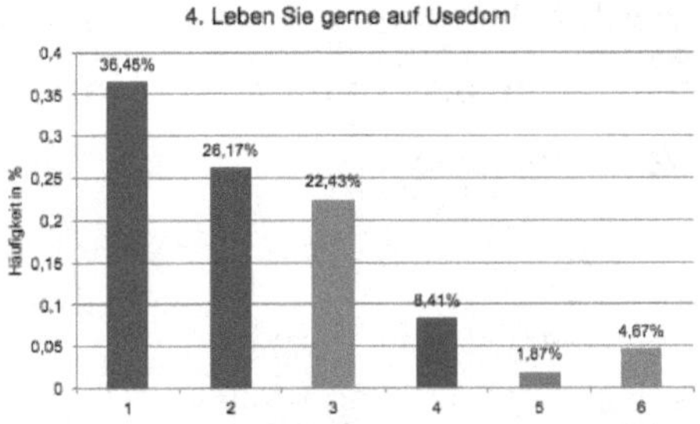

Abbildung 15: Einstellung zum Leben auf Usedom

Der Fragebogen gab den teilnehmenden Personen die Möglichkeit, ihre Bewertung zu begründen. Insgesamt gaben 63 Prozent darauf eine Antwort. Als positive Attribute, warum die Menschen gerne auf Usedom leben, wurde am häufigsten das Wort *„Heimat"* genannt, sowie das *„Meer"*, *„die unvergleichbare Natur"*, der *„Strand"* und die *„Schönheit der Insel"*. Auch das *„angenehme Klima"* mit den zahlreichen Sonnenstunden jährlich wurde genannt, sowie die *„Ruhe"* und *„Gelassenheit"*. Es ist auffällig, dass jedoch merklich mehr Kommentare mit negativen Attributen verfasst wurden oder aber auch Kommentare die sowohl positives wie auch negatives über das Leben auf der Insel berichteten. In den negativen Kommentaren nannten die Befragten am häufigsten den *„Massentourismus"* in der Hauptsaison und die damit einhergehende *„Verkehrsbelastung"* als Gründe dafür, warum sie nicht sehr gerne auf der Insel wohnen. Auch die *„schlechte/ fehlende Infrastruktur"* und der *„teure/ fehlende Wohnraum"* wurden oft erwähnt.

Bei der Frage, ob die BewohnerInnen Usedom weiterempfehlen würden, waren Mehrfachnennungen möglich. Insgesamt gab es 139 Antworten auf diese Frage. Bezogen auf die 107 TeilnehmerInnen sagten 47 Prozent aus, sie würden Usedom als Wohnstandort weiterempfehlen und 59 Prozent auch als Tourismusregion. 24 Prozent würden Usedom nicht weiterempfehlen.

5.2 Tourismus auf Usedom

5.2.1 Bewertung des Tourismus

Alle Befragten

Die Frage sechs[12] des Fragebogens enthielt 16 Aussagen über den Tourismus auf Usedom, die den Befragten die Möglichkeit gab, ihre Zustimmung oder Ablehnung auf einer vier Punkt Likert-Scala auszudrücken; eins spiegelte „stimme zu“ wider, vier „stimme nicht zu“. Da diese Frage eine Pflichtfrage war, haben alle TeilnehmerInnen der Umfrage alle Aussagen bewertet, was den Vergleich vereinfacht. Von den 16 Aussagen waren die ersten zehn positive und die übrigen sechs negative.

Über die vielen BesucherInnen, die bereits die Insel Usedom besuchen, freuen sich etwas mehr als die Hälfte der Bevölkerung: 21 Prozent stimmten dieser Aussage ganz zu, weitere 36 Prozent tendierten bei der Aussage auch in diese Richtung mit „stimme eher zu“. 37 Prozent der Befragten antworteten auf diese Aussage mit „Stimme ehr nicht zu“. Die Minderheit von sechs Prozent stimmte der Aussage nicht zu. Auch wenn sich viele BewohnerInnen über die zahlreichen BesucherInnen auf der Insel freuen, zeigten mehr als dreiviertel der Befragten die Tendenz, dass in Zukunft nicht noch mehr BesucherInnen auf die Insel kommen sollten. 56 Prozent stimmte der Aussage nicht zu, 29 Prozent eher nicht. Nur jeweils sieben Prozent stimmten zu oder eher zu. Des Weiteren sollten die Befragten eine Meinung dazu abgeben, ob die lokale Bevölkerung dem Tourismus positiv gegenüber eingestellt ist. Knapp 58 Prozent der Befragten sagten aus, dass die lokale Bevölkerung den

[12] Die Tabellen zur Auswertung von Frage 6 befinden sich in Anhang III.

Tourismus als positiv ansieht. Lediglich sieben Prozent haben den Eindruck, dass dies nicht zutrifft, 34 Prozent immerhin teilweise.

Der Aussage „Der Tourismus bietet viele Arbeitsplätze für die lokale Bevölkerung“ stimmten 37 Prozent zu und 36 Prozent eher zu. 26 Prozent äußerten sich eher negativ zu dieser Aussage. Im Themenbereich der Arbeitssituation auf Usedom sagten auch 92 Prozent der Befragten, dass es viele GastarbeiterInnen im Tourismus gibt. Auch wenn mehr als zweidrittel der Befragten aussagt, dass der Tourismus viele Arbeitsplätze schafft, äußern sich über 90 Prozent negativ zu der Aussage, dass das Lohnniveau in touristischen Berufen auf der Insel gut sei. Nur drei Prozent stimmten der Aussage vollkommen zu und sechs Prozent stimmen der Aussage eher zu.

Ziemlich eindeutig waren die Befragten der Wohnsituation gegenüber eingestellt. Der Aussage „Es gibt ausreichend bezahlbaren Wohnraum auf Usedom“ stimmten 98 Prozent der Befragten (eher) nicht zu. Nur zwei Prozent äußerten sich positiv zu dieser Aussage. 40 Prozent der Befragten finden, dass das touristische Angebot auf Usedom nicht weiter ausgebaut werden sollte, 27 Prozent antworteten mit stimme eher nicht zu, was hier mit teilweise gedeutet werden kann. Insgesamt 23 Prozent äußerten sich positiv zum Ausbau des touristischen Angebots. Jedoch sagten ebenfalls 90 Prozent der Befragten, dass es bereits mehr Angebote für die BesucherInnen gäbe als für die lokale Bevölkerung.

Mit der nächsten Aussage sollten die TeilnehmerInnen beurteilen, ob ein Großteil der Bevölkerung auf Usedom vom Tourismus profitiert. Die Auswertung dieser Aussage zeigt ein ungleiches Bild – die

Zustimmung und Ablehnung erlangte jeweils in etwa 50 Prozent der Stimmen. Zweidrittel (66 Prozent) der Befragten sagten aus, dass sie das touristische Freizeitangebot auf der Insel selbst nicht unbedingt nutzen, die übrigen 34 Prozent schon.

In Bezug auf den öffentlichen Nahverkehr sagten 47 Prozent, dass dieser nicht ausreichend ausgebaut sei. Weitere 34 Prozent tendierten auch in diese Richtung (stimme eher nicht zu). 20 Prozent finden den öffentlichen Nahverkehr ausreichend so, wie er ist. Die Aussage, dass bereits zu viele BesucherInnen auf die Insel kommen, traf auf breite Zustimmung. 89 Prozent stimmten der Aussage (eher) zu, wohingegen nur elf Prozent (eher) nicht zustimmten. Durch die Anzahl der BesucherInnen ist das Verkehrsaufkommen auf der Insel, gerade in den Sommermonaten, hoch. Das Verkehrsproblem auf Usedom wird von nahezu allen Befragten – von 99 Prozent – als ein Problem angesehen, welches durch den Tourismus verursacht wird.

Neben Aussagen zu den BesucherInnen, dem Lohnniveau, Wohnraum und Infrastruktur war von Interesse, ob sich die Befragten persönlich durch den Tourismus eingeschränkt fühlen. Etwa 83 Prozent stimmten dem (eher) zu, während sich die restlichen 17 Prozent (eher) nicht eingeschränkt fühlen. Über 90 Prozent sagten zudem aus, dass Usedom mehr Anreize für die lokale Bevölkerung schaffen muss, um deren Zufriedenheit zu steigern. Nur sieben Prozent stimmten dieser Aussage eher zu, keine Person stimmte dieser Aussage gar nicht zu.

Interessant ist, dass die positiven Aussagen zum Tourismus eher mit den beiden negativeren Antwortkategorien „stimme eher nicht zu“

und „stimme nicht zu“ beantwortet wurden und die negativeren Aussagen mit „stimme zu“ oder „stimme ehr zu“.

Männer vs. Frauen

Prinzipiell lässt sich sagen, dass in der Beantwortung zwischen Frauen und Männern keine extremen Gegensätze zu erkennen waren. Jedoch wiesen einige Aussagen leichte Unterschiede in der Beantwortung von Frauen und Männern auf. In Bezug auf die Arbeitsplätze stimmten 77 Prozent der Frauen (eher) zu, dass der Tourismus viele Arbeitsplätze für die lokale Bevölkerung schafft. Dieser Aussage stimmten 67 Prozent der Männer (eher) zu. Der größte Unterschied war bei der Aussage „Vom Tourismus auf Usedom profitiert der Großteil der Bevölkerung“ zu erkennen. Hier gingen die Meinungen der weiblichen und männlichen Befragten am weitesten auseinander. Insgesamt stimmten 38 Prozent der Männer dieser Aussage (eher) zu und 62 Prozent (eher) nicht. Bei den Frauen waren es 54 Prozent, die der Aussage (eher) zustimmten und 46 Prozent (eher) nicht. Schaut man auf die genaue Stimmenverteilung der jeweiligen Kategorien, stimmten 20 Prozent der Männer zu, 18 Prozent eher zu, 35 Prozent stimmten eher nicht zu und 27 Prozent stimmten nicht zu. Bei den Frauen stimmten nur neun Prozent zu, 45 Prozent stimmen eher zu, weitere 34 Prozent stimmten eher nicht zu und 12 Prozent stimmten nicht zu.

Es ist auch deutlich zu erkennen, dass die Männer angaben, dass sie das touristische Freizeitangebot selbst mehr nutzen würden als die Frauen. Im Gegenzug sagten die Frauen nämlich auch, dass es generell mehr Angebote für BesucherInnen gäbe, als für die lokale Bevölkerung, obwohl hier auch nur ein kleiner Unterschied von sechs

Prozentpunkten zwischen den weiblichen und männlichen Befragten liegt (Frauen: 92 Prozent stimmen (eher) zu, Männer: 86 Prozent stimmen (eher) zu).

Bei weiteren Aussagen antworteten Frauen und Männer von der Tendenz her sehr ähnlich. Die Antworten unterschieden sich nur minimal durch wenige Prozentpunkte. Bei der Aussage „Es gibt ausreichend bezahlbaren Wohnraum auf Usedom“ waren sich die weiblichen und männlichen TeilnehmerInnen relativ einig und stimmten (eher) nicht zu, obwohl die Frauen noch stärker mit stimme nicht zu (Frauen 75 Prozent, Männer 65 Prozent) geantwortet haben, wohingegen etwas mehr Männer auch stimme eher nicht zu (Männer 33 Prozent; Frauen 24 Prozent) gewählt haben. Von der Tendenz her ist jedoch eine gleiche Meinung zu erkennen. Auch das touristische Angebot sollte laut der Meinung beider Geschlechter nicht weiter ausgebaut werden. In ihrem Alltag eingeschränkt fühlten sich sowohl die weiblichen wie auch die männlichen TeilnehmerInnen, obwohl die Männer dieser Aussage noch stärker (eher) zustimmten.

Eine große Einigkeit der Geschlechter, zumindest im negativen Bereich, war bei den Aussagen „Usedom muss mehr Anreize für die lokale Bevölkerung schaffen, um die Zufriedenheit zu steigern“, „Es gibt viele GastarbeiterInnen im Tourismus“ und „Es gibt mehr Angebote für BesucherInnen als für die lokale Bevölkerung“ zu erkennen. Diesen drei Aussagen stimmten keine der Befragten nicht zu. Die einzelnen Werte unterschieden sich zwar hier und da um wenige Prozentpunkte, lassen jedoch die gleichen Schlussfolgerungen für beide Gruppen zu; und zwar, dass alle Befragten diesen drei Kategorien (eher) zustimmen. Ziemlich ähnlich antworteten die Frauen und Männer auch darauf, dass bereits zu viele BesucherInnen auf die Insel kommen. Dieser Aussage stimmten die Frauen mit 91 Prozent (eher) zu und die Männer mit 88 Prozent. Der Aussage, dass der Tourismus das Verkehrsproblem auf Usedom verschärft stimmten 100 Prozent der Männer (eher) zu und 98 Prozent der Frauen.

Es ist zu erkennen, dass die Männer bei den positiven Aussagen häufiger im positiven Bereich antworteten als die Frauen, sprich häufiger die Antwortmöglichkeit „stimme zu" wählten. Das gleiche war bei der negativen Antwortmöglichkeit „stimme nicht zu" zu erkennen. Dies könnte bedeuten, dass sich die Männer sicherer sind in ihrer Meinung. Die Frauen hingegen stimmten stärker den negativen Aussagen zu. Insgesamt antworteten die Frauen auch häufiger in den mittleren Kategorien „Stimme eher zu" und „Stimme eher nicht zu".

Altersgruppen

Eine Differenzierung kann auch für die unterschiedlichen Altersgruppen durchgeführt werden. Auch wenn die verschiedenen Altersgruppen 18-30, 31-40, 41-50, 51-50 und 61-70, die an dieser Umfrage teilgenommen haben in vielen Aussagen übereinstimmten, waren auch deutliche Unterschiede zu erkennen. Hier sei allerdings zu beachten, dass die Anzahl der TeilnehmerInnen in den Altersgruppen variiert. Gerade in der letzten Altersgruppe konnten nur sechs Antworten gezählt werden, in den anderen Altersgruppen zwischen 20 und 33. Die geringe Anzahl der Antworten der 61- bis 70-jährigen kann nichtsdestotrotz hilfreich sein, um Tendenzen in den Meinungen dieser Altersgruppe zu erkennen.

Es ist interessant, dass in den Altersgruppen 18-30, 31-40, 51-60 und 61-70 nur jeweils ungefähr die Hälfte der antwortenden Personen (eher) zustimmte, sich über die vielen BesucherInnen zu freuen. Die 41- bis 50-jährigen waren die einzige Gruppe, bei denen 75 Prozent angaben, sich zu freuen, dass viele BesucherInnen nach Usedom kommen. Der Aussage, dass der Tourismus viele Arbeitsplätze für die lokale Bevölkerung bietet, stimmten alle Altersgruppen bis auf die 31- bis 40-jährigen mit jeweils über 70 Prozent (eher) zu. Bei den 31- bis 40-jährigen gaben nur knapp über die Hälfte der Befragten (57 Prozent) eine Zustimmung. 100 Prozent der 18- bis 30-jährigen stimmten (eher) zu, dass bereits zu viele BesucherInnen nach Usedom kommen. Alle anderen Altersgruppen stimmten dieser Aussage mit 80 bis 88 Prozent (eher) zu.

Bei der Aussage „Die BewohnerInnen von Usedom sind dem Tourismus gegenüber positiv eingestellt“ ist zu erkennen, dass mehr TeilnehmerInnen ab 41 Jahren (eher) zustimmten, als die Jüngeren. Die Altersgruppe 41-50 bestätigte diese Aussage mit 75 Prozent, die Altersgruppe 51-60 sogar mit 85 Prozent. Die 61- bis 70-jährigen stimmten der Aussage mit 67 Prozent (eher) zu, die 31- bis 40-jährigen mit 52 Prozent. Die niedrigste Zustimmung erlangte die Aussage von der Gruppe der 18- bis 30-jährigen mit 36 Prozent. Es ist zu erkennen, dass die Wahrnehmung in den unterschiedlichen Altersgruppen diesbezüglich sehr unterschiedlich war.

Die höheren Altersgruppen stimmten auch (eher) zu, dass der Großteil der Bevölkerung vom Tourismus profitiert, als die Jüngeren. Es ist auch zu erkennen, dass für diese Aussage der Prozentanteil pro Altersgruppe steigt. Die 18- bis 30-jährigen stimmten der Aussage nur mit 33 Prozent (eher) zu und die 31- bis 40-jährigen mit 39 Prozent. Bei den 41- bis 50-jährigen waren es 50 Prozent, bei den 51- bis 60-jährigen schon 70 Prozent und bei den 61- bis 70-jährigen 83 Prozent, die hier (eher) zustimmten.

Es ist auch deutlich zu erkennen, dass sich mit ansteigendem Alter die befragten Personen weniger vom Tourismus eingeschränkt fühlen. Während die 18- bis 30-jährigen und 31- bis 40-jährigen mit jeweils über 90 Prozent (eher) zustimmten, dass sie der Tourismus einschränkt, nimmt diese Zustimmung in den weiteren drei Altersgruppen ab. Bei den 41- bis 50-jährigen stimmten 75 Prozent der Befragten (eher) zu und bei den 51- bis 60-jährigen 70 Prozent. Nur ein Drittel (33 Prozent) der 61- bis 70-jährigen fühlt sich durch den Tourismus im Alltag eingeschränkt.

Einige Aussagen finden in allen Altersgruppen ähnliche Zustimmung oder Ablehnung. Beispielsweise stimmten alle Gruppen zu fast 100 Prozent (eher) nicht zu, dass es genügend bezahlbaren Wohnraum auf Usedom gibt. Dieses Problem scheint unabhängig vom Alter für alle Befragten präsent zu sein. Auch waren sich fast alle Befragten einig, dass der Tourismus das Verkehrsproblem auf der Insel verschärft und Usedom mehr Anreize für die lokale Bevölkerung schaffen muss, um deren Zufriedenheit zu steigern.

Im Tourismus tätig vs. Nicht im Tourismus tätig

Des Weiteren sollte ein Blick auf die Unterschiede oder Gemeinsamkeiten der TeilnehmerInnen, die im Tourismus tätig sind und die nicht im Tourismus tätig sind geworfen werden. Hierbei wird besonders die Gruppe der ganzjährig Vollzeit tätigen und der nicht im

Tourismus tätigen betrachtet, da dies die beiden häufigsten Angaben der Befragten waren. Ganzjährig im Tourismus tätig waren 39 der befragten Personen, nicht im Tourismus tätig waren 50. Es ist zu erkennen, dass es zwischen den beiden Gruppen bei der Bewertung der Aussagen deutlich mehr Übereinstimmung als Unterschiede gab.

Zuerst soll hier auf die Unterschiede eingegangen werden. Es wird deutlich, dass 77 Prozent der Befragten, die im Tourismus tätig sind, sich darüber freuen, dass viele BesucherInnen nach Usedom kommen. Dies sind 33 Prozent mehr als bei der Gruppe, der nicht im Tourismus tätigen Personen (44 Prozent). Des Weiteren stimmten 67 Prozent der im Tourismus Tätigen (eher) zu, dass die BewohnerInnen von Usedom dem Tourismus positiv gegenüber eingestellt sind. In der anderen Gruppe waren es nur 48 Prozent, die dieser Aussage (eher) zustimmten. Ein weiterer Unterschied trat bei der Aussage „Der Tourismus bietet viele Arbeitsplätze für die lokale Bevölkerung“ auf. Dieser Aussage stimmten 79 Prozent der im Tourismus tätigen Personen zu, in der Gruppe der nicht im Tourismus tätigen waren es 66 Prozent. Auch wenn der Tourismus für viele BewohnerInnen Arbeitsplätze generieren soll, sagten 87 Prozent der Befragten, die im Tourismus arbeiten, dass das Lohniveau in touristischen Berufen auf Usedom nicht gut sei; die nicht im Tourismus tätigen bestätigten dies mit 94 Prozent. Obwohl die im Tourismus tätigen vom Tourismus finanziell profitieren, wollen sie nicht, dass in Zukunft mehr BesucherInnen nach Usedom kommen. 87 Prozent stimmten der Aussage (eher) nicht zu. Bei den nicht im Tourismus tätigen waren es 82 Prozent.

Bei der Betrachtung der weiteren Aussagen lässt sich erkennen, dass beide Gruppen in ihren Bewertungen immer übereinstimmten. Es traten hier nur kleine Unterschiede von wenigen Prozentpunkten auf. Demnach waren sich beide Gruppen einig, dass es nicht genügend bezahlbaren Wohnraum auf Usedom gäbe, wie auch, dass der öffentliche Nahverkehr nicht ausreichend ausgebaut sei. Gerade den letzten sechs Aussagen, die negativ formuliert sind, stimmten sowohl die im Tourismus tätigen als auch die nicht im Tourismus tätigen, mit hohen Prozentzahlen zu. Dort gab es keine merklichen Unterschiede zwischen den beiden Gruppen. Es waren sich alle Befragten fast ausschließlich einig, dass der Tourismus das Verkehrsproblem verschärfe, sie sich durch den Tourismus in ihrem Alltag eingeschränkt fühlen und Usedom mehr Anreize für die lokale Bevölkerung schaffen müsse, um deren Zufriedenheit zu steigern.

Bei der Aussage, dass auf Usedom der Großteil der Bevölkerung vom Tourismus profitiert, gingen die Antworten innerhalb der beiden Gruppen auseinander. Die im Tourismus Tätigen stimmten der Aussage etwa zur Hälfte (eher) zu und zur Hälfte (eher) nicht. In der Gruppe der nicht im Tourismus Tätigen stimmen 60 Prozent (eher) nicht zu und 40 Prozent (eher) zu.

Positiv vom Tourismus beeinflusst vs. Negativ vom Tourismus beeinflusst

Zuletzt scheint noch eine Differenzierung zwischen den Befragten, die positiv vom Tourismus beeinflusst werden und denjenigen, die negativ vom Tourismus beeinflusst werden, notwendig. Insgesamt gaben 63 der TeilnehmerInnen an negativ vom Tourismus beeinflusst zu werden, 19 positiv und 25 weder positiv noch negativ. Dabei ist deutlich zu erkennen, dass die beiden Gruppen „negativ vom Tourismus beeinflusst“ und „positiv vom Tourismus beeinflusst“ die größten Unterschiede in ihrem Antwortverhalten aufzeigen. Hierbei sei wiederum ebenfalls zu beachten, dass deutlich mehr Befragte antworteten, negativ vom Tourismus beeinflusst zu werden als positiv.

Die größte Übereinstimmung war bei den Aussagen „Der Tourismus verschärft das Verkehrsproblem auf Usedom“, „Es gibt viele GastarbeiterInnen im Tourismus“ und „Es gibt mehr Angebote für BesucherInnen als für die lokale Bevölkerung“. Sowohl die Gruppe, die mit negativ vom Tourismus beeinflusst antworteten, als auch die positiv vom Tourismus beeinflusst werden, stimmten diesen Aussagen fast (alle) zu 90 bis 100 Prozent eher zu. Beide Gruppen stimmten mit 95 und 100 Prozent nicht zu, dass es ausreichend bezahlbaren Wohnraum auf Usedom gebe.

Bei näherer Betrachtung lässt sich dann erkennen, dass bei den übrigen Aussagen deutliche Unterschiede zwischen den beiden Gruppen auftreten. Betrachtet man die „stimme (eher) zu“ Ergebnisse, unterscheiden sich die jeweilige Anzahl der Stimmen für die Aussagen von 18 bis zu 43 Prozent zwischen den beiden Gruppen. Bei den Befragten, die aussagten negativ vom Tourismus beeinflusst zu werden gaben 43 Prozent an, dass sie sich über die vielen BesucherInnen auf Usedom freuen und nur 8 Prozent stimmten (eher) zu, dass in Zukunft mehr BesucherInnen nach Usedom kommen sollten. Bei den positiv vom Tourismus beeinflussten Befragten stimmten 79 Prozent (eher) zu, dass sie sich über die vielen BesucherInnen freuen und 27 Prozent gaben an, dass in Zukunft mehr BesucherInnen nach Usedom kommen sollten.

Interessant ist, dass nur 49 Prozent der Gruppe der negativ vom Tourismus beeinflussten Personen (eher) zustimmten, dass die BewohnerInnen von Usedom dem Tourismus positiv gegenüber eingestellt sind. Die andere Gruppe stimmte dieser Aussage mit 84 Prozent (eher) zu. Der Aussage, dass das touristische Angebot weiter ausgebaut werden sollte, stimmten nur 20 Prozent der Befragten (eher) zu, die negativ vom Tourismus betroffen sind, bei den Personen die angaben positiv vom Tourismus beeinflusst zu werden, waren es 58 Prozent.

Der größte Unterschied war bei der Aussage „Vom Tourismus auf Usedom profitiert der Großteil der Bevölkerung" zu erkennen. Wenig überraschend stimmten dieser Aussage nur 35 Prozent der negativ vom Tourismus beeinflussten Personen zu, in der Gruppe der positiv beeinflussten waren es 79 Prozent. Zwischen den Ergebnissen der beiden Gruppen liegt somit ein Unterschied von 44 Prozentpunkten. Ein fast ebenso großer Unterschied zwischen den Gruppen ist in der Aussage „Ich nutze das touristische Freizeitangebote auch selbst" zu erkennen. Dieser Aussage stimmten 22 Prozent der Befragten, die angaben negativ vom Tourismus betroffen zu sein (eher) zu und 63 Prozent der anderen Gruppe. Somit nutzen 41 Prozent mehr der Gruppe der positiv vom Tourismus beeinflussten Personen das touristische Freizeitangebot.

5.2.2 Persönliche Betroffenheit der Befragten

Die Umfrage fand heraus, dass etwas mehr als die Hälfte der Befragten im Tourismus tätig sind (53 Prozent). 36 Prozent gaben an, ganzjährig Vollzeit im Tourismus tätig zu sein, sechs Prozent ganzjährig Teilzeit, sieben Prozent saisonal Vollzeit und vier Prozent saisonal Teilzeit. Die Befragten, die saisonal im Tourismus tätig sind, gaben an, dass sie von März, April oder Mai bis September, Oktober, November eine Stelle hätten. Die restlichen 47 Prozent gaben an, nicht im Tourismus tätig zu sein. Betrachtet man die Verteilung für Männer und Frauen separat, geben 53 Prozent der 67 Frauen, die an der Umfrage teilgenommen haben, an, im Tourismus tätig zu sein. Bei den 40 befragten Männern waren es ebenfalls 52 Prozent. Ein Unterschied ist jedoch zwischen Vollzeit und Teilzeit zu erkennen. Vollzeit im Tourismus tätig sind 31 Prozent der befragten Frauen, bei den Männern waren es 45 Prozent.

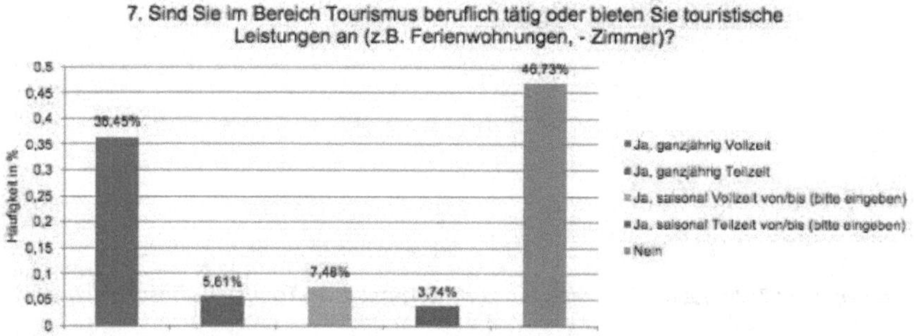

Abbildung 16: Angaben der Befragten zur Erwerbstätigkeit im Tourismus

Finanziell abhängig vom Tourismus sind 37 Prozent der Befragten. 63 Prozent gaben an nicht finanziell vom Tourismus abhängig zu sein. Auch wenn insgesamt mehr als die Hälfte der Befragten angibt, im Tourismus tätig zu sein, ob nun Vollzeit, Teilzeit oder

Saisonbedingt, sind nicht die Hälfte der Befragten finanziell vom Tourismus abhängig. Die Teilzeittätigen oder Saisonarbeitende können in der übrigen Zeit andere Tätigkeiten ausführen oder leben in einer Partnerschaft, in der der Mann oder die Frau einen anderen Beruf ausübt.

Um herauszufinden, welche Position die lokale Bevölkerung in Entscheidungsprozessen einnimmt, die den Tourismus betreffen, wurde im Fragebogen nach der Wahrnehmung diesbezüglich gefragt. Keine Person gab an sich in touristische Entscheidungen sehr einbezogen zu fühlen, sieben Prozent hingegen eher. Insgesamt 39 Prozent gaben an, sich eher nicht mit einbezogen zu werden und fast die Hälfte der Befragten (47 Prozent) sagten, sich gar nicht in Entscheidungen mit einbezogen zu fühlen. 7 Prozent gaben an, dass es ihnen auch nicht wichtig sei.

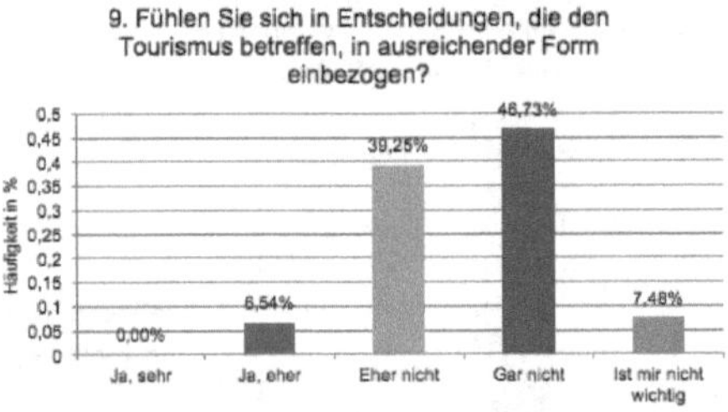

Abbildung 17: Angaben der Befragten zur Partizipation in Tourismusentscheidungen

Auf die Frage, ob der Tourismus auf Usedom die befragte Person in positiver oder negativer Weise beeinflusse, antworteten 18 Prozent positiv und 59 Prozent negativ. 23 Prozent gaben an nicht vom Tourismus beeinflusst zu werden. Die Befragten konnten Angaben dazu machen, warum der Tourismus sie gerade positiv oder negativ beeinflusse. Dabei kam heraus, dass 14 der 19 Personen, die angaben, positiv vom Tourismus betroffen zu sein, im Tourismus tätig sind und davon leben. Andere vereinzelte Kommentare waren, dass der Tourismus die Lebensqualität verbessere, Schwung auf die Insel bringe und, dass die UrlauberInnen meist gut gelaunt seien. Eine Person erwähnte in einem Kommentar, dass er positiv vom Tourismus betroffen ist, weil er Koch sei, jedoch ebenfalls negativ in seinem Privatleben.

Die Kommentare der Personen, die auf die Frage geantwortet haben, dass der Tourismus sie negativ beeinflusse, fielen deutlich länger als, als die der positiven. 63 Personen antworteten auf diese Frage. Die häufigste Antwort war hier, dass die vollen Straßen und der permanente Stau durch die vielen BesucherInnen die BewohnerInnen in ihrem Leben einschränken würde. Durch die vollen Straßen müssen die BewohnerInnen lange Fahrzeiten in Kauf nehmen für Strecken, die normalerweise in kürzester Zeit zu bewältigen sind. Zudem sei ein spontaner Einkauf nicht möglich, da die Supermärkte während der Saison meist überfüllt und viele Lebensmittel ausverkauft seien. Besonders häufig wurde auch erwähnt, dass die Insel überfüllt sei und die UrlauberInnen einen immer höheren Anspruch hätten und sich alles erlauben würden. Da immer mehr Ferienunterkünfte gebaut werden, ist auch der bezahlbare Wohnraum begrenzt. Die vielen Touristen würden ebenfalls viel Müll verursachen und die Umwelt in Mitleidenschaft ziehen. Weitere vereinzelte Kommentare waren: „zu viel von allem", „geringes Lohnniveau", „Stress", „Lebensmittel werden teurer", „das Leben wird in Mitleidenschaft gezogen" oder *„Durch schlechten Nahverkehr ist es beruflich ein Albtraum, weil alle mit dem Auto* *fahren. Dadurch wird Vereinbarkeit mit Familie und Beruf sehr schwierig."*

5.3 Gesellschaftspolitische Aufgabenbereichen

Neben touristischen Fragen wurde in dieser Umfrage auch Bezug auf außertouristische Aufgabenbereiche auf der Insel genommen, um auch ein allgemeines Stimmungsbild unabhängig vom Tourismus zu erlangen. Ausschlaggebend dafür waren die Wahlergebnisse der Landtagswahl 2016 und der Bundestagswahl 2017, bei denen die AfD einen Großteil der Wählerstimmen für sich verbuchen konnte. Neben dem Einbezug der lokalen Bevölkerung in touristische Vorkommnisse wurde ebenfalls gefragt, ob auf der Insel die sonstigen Interessen der BürgerInnen ausreichend berücksichtigt werden. Darauf antwortete mehr als die Hälfte der Befragten (60 Prozent) mit „eher nicht". 25 Prozent sagten, dass ihre Interessen gar nicht und nur 15 Prozent ja, meistens berücksichtigt würden. Keiner der Befragten sagte aus, dass es ihm nicht wichtig sei. Es ist eindeutig zu erkennen, dass Partizipation der lokalen Bevölkerung, laut der BewohnerInnen, nicht erfolgt, obwohl das Interesse und Bedürfnis der Bevölkerung da ist.

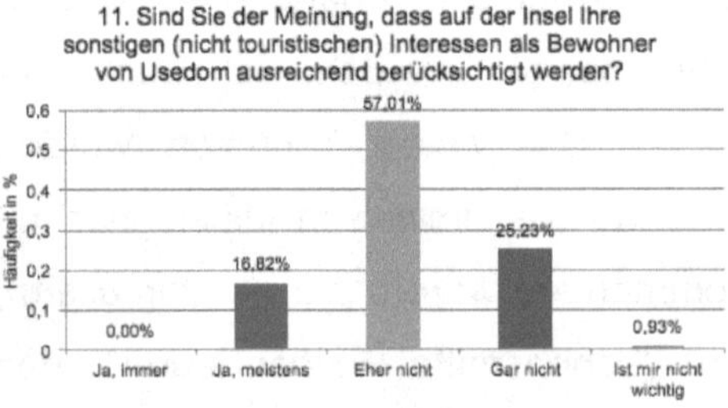

Abbildung 18: Angaben der Befragten zur Berücksichtigung ihrer Interessen

In der Frage 12 sollten die TeilnehmerInnen der Befragung in einer Matrix 12 verschiedenen politische Aufgabenbereiche nach ihrer Wichtigkeit bewerten (siehe Tabelle 4). Hierfür standen die Antwortmöglichkeiten „Sehr wichtig", „Eher wichtig", „Weniger wichtig" und „Unwichtig" zur Verfügung. Etwa zweidrittel der Befragten fand es weniger wichtig oder unwichtig, dass der Tourismus weiter gefördert wird (64 Prozent). Wichtig in Bezug auf den Tourismus war jedoch 81 Prozent der Befragten, dass sichere Jobs im Tourismus geschaffen werden.

Die höchste Bewertung mit sehr und eher wichtig erzielten die Themen *„Wirtschaft ankurbeln"* (95 Prozent), *„Renten sichern"* (98 Prozent), *„Arbeitslosigkeit bekämpfen"* (93 Prozent), *„für soziale Gerechtigkeit sorgen"* (95 Prozent), *„Bildungsangebote verbessern"* (96 Prozent) und *„strukturschwache Regionen stärken"* (99 Prozent). Eine *„jährliche Obergrenze für Asylsuchende festlegen"* finden 64 Prozent der Befragten sehr wichtig oder eher wichtig, *„erneuerbare Energien ausbauen"* 65 Prozent und *„ökologische Landwirtschaft" ausbauen* 81 Prozent. *„Projekte gegen politischen Extremismus"* fördern erreichte mit 59 Prozent den niedrigsten Wert (sehr wichtig und eher wichtig) nach *„Tourismus weiter fördern"*. Es ist zu erkennen, dass alle Themenbereiche, bis auf den Tourismus weiter fördern, von der Bevölkerung als (relativ) wichtig eingestuft werden.

Tabelle 4: Angaben der Befragten zu politischen Aufgabenbereichen

Bewertung 1	Sehr wichtig	Eher wichtig	Weniger wichtig	Unwichtig
Tourismus weiter fördern	11.21%	25.23%	42.99%	20.56%
Mehr sichere Jobs im Tourismus schaffen	50.47%	31.78%	15.89%	1.87%
Wirtschaft ankurbeln	50.47%	44.86%	4.67%	0.00%
Renten sichern	76.64%	21.50%	1.87%	0.00%
Arbeitslosigkeit bekämpfen	78.50%	14.95%	5.61%	0.93%
Für soziale Gerechtigkeit sorgen	83.18%	12.15%	3.74%	0.93%
Bildungsangebote verbessern	84.11%	12.15%	3.74%	0.00%
Strukturschwache Regionen stärken	79.44%	19.63%	0.93%	0.00%
Jährliche Obergrenze für Asylsuchende festlegen	48.60%	15.89%	18.69%	16.82%
Erneuerbare Energien ausbauen	29.91%	34.58%	28.97%	6.54%
Ökologische Landwirtschaft fördern	51.40%	29.91%	16.82%	1.87%
Projekte gegen politischen Extremismus fördern	30.84%	28.04%	26.17%	14.95%

5.4 Veränderungswünsche der lokalen Bevölkerung

Die Frage 13 sollte dazu dienen, den EinwohnerInnen die Möglichkeit zu geben genauer darzulegen, was für Veränderungen sie sich für die Insel Usedom wünschen. Hier griffen viele TeilnehmerInnen bereits im Fragebogen erwähnte Aspekte auf und ergänzten viele Punkte und Probleme, die sie auf der Insel wahrnehmen. Insgesamt 75 der befragten Personen nutzten die Gelegenheit, ihre Meinung noch einmal zu äußern. Ein aussagekräftiger Kommentar einer befragten Person lautete: *„Wenn alle Hotellerie und Vermieter an einem Strang ziehen würden und den Nahverkehr attraktiv mitgestalten würden, kommt es allen zu Gute. Wir müssen weg davon, dass jeder mit seinem Auto fährt. Und natürlich reicht die Anzahl der Betten! Für 8-10 Wochen Ferien kann man nie genug haben, aber den Rest des Jahres steht vieles leer! Kontinuierlich mit Qualität den Gast glücklich machen!"*

Es wurde jedoch versucht, die Kommentare in Kategoriengruppen zu unterteilen, da es den Rahmen sprengen würde, hier alle Meinungen einzeln darzustellen. Folgende Kategorien konnten ermittelt werden: Verkehrsinfrastruktur Straße, Infrastruktur allgemein, Arbeit, Wohnraum, Baustopp, öffentlicher Nahverkehr, Angebote und Anreize, Tourismus allgemein und Sonstige. Die vorherige Auflistung der Kategorien erfolgte auf Grund der Häufigkeit wie oft etwas zu diesem Themenbereich genannt wurde.

Verkehrsinfrastruktur Straße

Insgesamt wurden in den Kommentaren mindestens 41 Mal Anmerkungen zur Verkehrsinfrastruktur gemacht. Die Kommentare bezogen sich ausschließlich auf die Verkehrssituation auf den Straßen. Häufig wurde erwähnt, dass auf der Insel mehr Kreisverkehre gebaut werden sollten, um dem Rückstau vor Ampeln vorzubeugen. Außerdem wurde häufig allgemein von dem Wunsch nach einem verbesserten Verkehrskonzept gesprochen, um dadurch die Verkehrsprobleme auf der Insel zu stoppen. *„Es muss endlich eine Lösung für das immer schlimmer werdende Verkehrsproblem her. Es kann nicht sein, dass die Leute, die arbeiten müssen, oftmals Stunden vor Dienstbeginn losmüssen.“.* Einige der Befragten gaben konkrete Beispiele, welche Veränderungen in der Verkehrsinfrastruktur sinnvoll seien. Die Rede war hier häufig von einem Autostopp für Usedom, bezogen auf die Touristen, oder den Verkehr der UrlauberInnen generell einzuschränken. *„Wirkt sich positiv auf die Gemüter, Unternehmen (Einnahmen Busse, Züge) (aus), und auch EinwohnerInnen würden das Angebot eher nutzen.“* Dies sei möglich mit Hilfe von Park & Ride Plätzen, wo UrlauberInnen ihr Auto für die Dauer des Urlaubs parken können, um dann mit Bus und Bahn zu ihrer Unterkunft zu gelangen. Dies könnte den Verkehr entzerren. Die Idee von Pkw-freien Orten wurde ebenfalls erwähnt.

Infrastruktur allgemein

Zur allgemeinen Infrastruktur auf der Insel Usedom konnten mindestens 24 Anmerkungen erfasst werden. Hierzu wurden viele konkrete Veränderungswünsche geäußert. Gerade der Bau von mehr Parkplätzen und die Verbesserung der medizinischen Versorgung wurde häufiger erwähnt. Aber auch Spielplätze ausbauen, Kitaplätze schaffen und allgemein eine familienfreundlichere Infrastruktur schaffen wurde genannt. Im Bereich der Einkaufsmöglichkeiten wurde erwähnt, dass der Einzelhandel mehr gefördert werden solle und fachspezifische und bezahlbare Geschäfte für beispielsweise Möbel, Elektronik, Spielzeug oder Mode geschaffen werden sollten. Dazu kommen noch frühere Ladenöffnungszeiten in der Hochsaison und günstigere Preise, sowie der Wunsch nach einem 24 Stunden Markt auf der Insel. Es wurde auch von Vergünstigungen für EinwohnerInnen allgemein gesprochen und der Stärkung des Mobilfunknetzes und Busverkehr im Hinterland.

Arbeit

Das Thema Arbeit schien die TeilnehmerInnen der Umfrage sehr zu beschäftigen. Insgesamt wurden mindestens 19 Kommentare bezüglich dieser Kategorie genannt. Dabei ging es vor allem häufig um das Thema Verdienst. Der Wunsch nach fairen, höheren oder angepassten Löhnen, auch auf das Westniveau, wurde mehrfach geäußert. *„Ausreichend Arbeitsplätze schaffen, welche so vergütet werden, dass man nicht am Existenzminimum leben muss."*

Eine Person erwähnte auch den Lohn/Freizeit Ausgleich. Sie habe zwei Monate durchgearbeitet, ohne einen Tag frei zu haben. Des Weiteren wurde erwähnt, dass es an ganzjährigen Jobs mangeln würde und zudem viele Gastarbeiter auf der Insel eingestellt würden. Diese sollen nach Hause geschickt werden. Zudem sollte es einen Einstellungsstopp, vorwiegend polnischer Arbeiter, geben und die Jobs sollten zuerst den Deutschen angeboten werden, erst dann den polnischen BürgerInnen.

Wohnraum

Mindestens 18 Mal erwähnten die befragten Personen, dass es nötig sei, bezahlbaren Wohnraum zu schaffen. Momentan sei dieses ein großes Problem. *„Wir haben nur durch Beziehungen und viel Glück eine bezahlbare Wohnung gefunden! Das ist was uns fehlt! Bezahlbare Wohnungen für junge Leute! Es werden immer nur mehr für Urlauber."* Dazu zählen auch attraktiver Wohnraum generell, sowie bezahlbares Land, um den Menschen die Möglichkeit zu geben ein Eigenheim bauen zu können.

Baustopp

Zum Thema Baustopp waren sich die Befragten einig und so wurde mindestens 16 Mal erwähnt, dass keine weiteren Hotels, Ferienwohnungen und -häuser, sowie Campingplätze mehr gebaut werden sollten. Die Befragten äußerten beispielsweise folgende Kommentare: *„Bitte keine weiteren Hotels bauen und bitte nicht noch mehr UrlauberInnen auf die Insel holen, es reicht."* Oder: *„Ich bin für das sofortige Bauverbot von Ferienwohnungen und Hotels. Die Insel erleidet jedes Jahr einen Kollaps und der Charme geht durch die massenhafte Bebauung kaputt."*

Öffentlicher Nahverkehr

Das Thema öffentlicher Nahverkehr wurde auch häufig in den Kommentaren erwähnt. Mindestens 14 Mal wurden Veränderungswünsche ausgesprochen. Dazu zählte die Preise zu senken, was wohl möglich dazu beitragen könnte, dass die Straßen freier würden. Außerdem sollten mehr Busse und Züge fahren, um BesucherInnen besser transportieren zu können, beispielsweise von den zuvor erwähnten Park & Ride Plätzen zu den Unterkünften. Außerdem sei es sinnvoll, die Gäste zu sensibilisieren, den öffentlichen Nahverkehr zu nutzen. Dies könnte durch Anreize geschehen, wie beispielsweise Freikarten für den Personen Nahverkehr, die mit den Mietpreisen verrechnet werden könnten. Zudem wurden Vergünstigungen für BewohnerInnen angesprochen, sowie ein Hartz4 Ticket für die UBB. *„[...] Die Fahrpreise sind abartig hoch!!!! Wenn ich gerade keine Arbeit habe, weil die Saisonarbeit vorbei ist, kann ich mir die Monatskarte gar nicht leisten. [...]"*

Angebote und Anreize

In den Bereich Angebote und Anreize fielen ebenfalls mindestens 14 Kommentare. Hierbei handelte es sich häufig um den Ausbau des Freizeitangebotes für Einheimische, gerade auch für Kinder und Jugendliche, nicht nur für Rentner. *„Wir brauchen nicht mehr Beherbergung, sondern mehr Angebot/ Indoormöglichkeiten."* Oder *„Nicht nur kinderfreundlich für die Touristen sein, sondern auch für uns Einheimische wieder kinderfreundlich sein, das wäre hier mit am Wichtigsten. Die Insel fragt sich warum unsere Kinder von hier weg wollen [...]. Kein ausreichender Lohn, Spielplätze werden abgerissen, Ball spielen verboten und vieles mehr. Nix gegen Rentner aber für die wird gemacht und für Kinder immer weniger und für Kleinkinder gibt* *es nix.“* In mehreren Kommentaren konnte herausgehört werden, dass Usedom doch eher die Insel der RentnerInnen sei. Zudem sollten Anreize und Programme geschaffen werden, die dazu beitragen sollen, die Jugend auf der Insel zu halten. Aber auch generell für die BürgerInnen müsse mehr getan werden. *„Denkt mehr an eure Bewohner und vor allem denkt an die Kinder!!!“*

Tourismus

Diese Kategorie beinhaltet Kommentare mit Tourismusbezug, die in den anderen Kategorien nicht unterkommen konnten. Es sei jedoch gesagt, dass in den anderen Kategorien Probleme angesprochen werden, die stark in Verbindung mit dem Tourismus stehen oder auch daraus resultieren.

Mindestens sechs Kommentare äußerten, dass weniger Tourismus auf die Insel kommen soll. *„Schluss mit dem Massenwahn.“* Dies wäre beispielsweise möglich, indem eine Obergrenze eingerichtet werden würde. Bei den touristischen Kommentaren wurde ebenfalls mehrmals angesprochen, dass es wichtig sei, mehr Wert auf die Qualität, statt Quantität des Tourismus zu legen. *„Der Tourismus so wie er ist, ist ausreichend. Jetzt sollte es um mehr Klasse als Masse gehen.“* Es wäre eine Möglichkeit den Tourismus in den Sommermonaten nicht weiter auszubauen, sondern stattdessen auch in den auslastungsschwachen Monaten BesucherInnen auf die Insel zu locken. Zudem wäre es sinnvoll, sich weg vom Samstag als Hauptan- und abreisetag zu bewegen. Für sich selbst wünschten sich zwei Befragte, dass die Insulaner von der Kurtaxe befreit würden oder *„[...] Partizipation bei touristischen Infrastruktur-Entscheidungen, um mehr Identifikation zu schaffen ;).“*

Sonstige

Die Kommentare, die zu keiner der zuvor genannten Kategorien passten, wurden dem Thema Sonstige zugeteilt. Nur zwei Personen merkten an, dass die Natur besser geschützt und bewahrt werden müsse. Außerdem sollte weniger Geld für Feuerwerke ausgegeben werden und Veranstaltungen auch nach 22.00 Uhr auf den Promenaden stattfinden dürfen, ohne, dass die Polizei wegen Ruhestörung gerufen werde. Auch hier wurde wieder Usedom, die „Insel der Rentner", angemerkt. Allgemein sollten außerdem die Interessen der lokalen Bevölkerung berücksichtigt werden.

6 Diskussion

1. Hypothese: Die lokale Bevölkerung ist dem Tourismus gegenüber positiv eingestellt.

Der Tourismus ist der wichtigste Wirtschaftszweig auf Usedom. Mit jährlich über einer Million Ankünfte und über fünf Millionen Übernachtungen ist die Tourismuswirtschaft eine extrem wichtige Branche. Bis zu 85 Prozent der BewohnerInnen sind direkt oder indirekt vom Tourismus abhängig. (Spanhel, 2016) (Rathke, 2016) Allein deshalb ließe sich vermuten, dass die Bevölkerung dem Tourismus gegenüber positiv eingestellt ist. Die Ergebnisse der Umfrage zeigen jedoch ein anderes Bild. Etwas mehr als die Hälfte der befragten Personen gibt an, sich über die vielen BesucherInnen zu freuen, die bereits nach Usedom reisen, dreiviertel der Befragten wollen jedoch nicht, dass in Zukunft noch mehr BesucherInnen auf die Insel kommen und eine absolute Mehrheit (89 Prozent) der Befragten ist sich einig, dass bereits zu viele BesucherInnen auf der Insel Urlaub machen. Zudem erachten die befragten Personen den

Aufgabenbereich „*Tourismus weiter fördern*" als weniger wichtig oder unwichtig.

Es ist zu erkennen, dass die BewohnerInnen prinzipiell keine Abneigung gegenüber den zahlreichen BesucherInnen haben. Die Probleme, die die hohen Besucherzahlen jedoch mit sich bringen, stoßen bei den BürgerInnen auf Ablehnung. Hierbei geht es vor allem um bezahlbaren Wohnraum, der immer weiter schwindet, weil mehr Hotels und Ferienwohnungen für die BesucherInnen geschaffen werden. Auch das niedrige Lohnniveau in vielen touristischen Berufen nagt an der Einstellung der lokalen Bevölkerung zum Tourismus. Nichtsdestotrotz erkennen die BewohnerInnen aber auch die Chancen an, die der Tourismus mit sich bringt, beispielsweise eine Vielzahl an Arbeitsplätzen. In Mecklenburg-Vorpommern wird fast die Hälfte der Umsätze im Einzelhandel von den Gästen gemacht, eben von den Menschen, die keinen Wohnsitz dort haben. Und auch das Kulturprogramm auf Usedom profitiert von den vielen BesucherInnen. Sonst würde es wohlmöglich keine Usedomer Musikfestspiele oder große Konzerte geben. (Lange, 2017)[13]

Hofinger (2001) und Sauer et al. (2005) beschäftigten sich mit dem Verlauf der Akzeptanzbildung und erstellten dazu ein achtstufiges Modell, was die verschiedenen Ausprägungen zwischen Akzeptanz und Nicht-Akzeptanz aufzeigt. Auf Grund der Umfrageergebnisse ist zu erkennen, dass sich die Befragten insgesamt weder in den Stufen des Engagements, Zustimmung/Wohlwollen, noch in der aktiven

[13] Ergänzend zu den Umfrageergebnissen wurde ein telefonisches Gespräch mit Gerd Lange, dem Referatsleiter für Tourismus im Ministerium für Wirtschaft, Arbeit und Gesundheit in Schwerin (Mecklenburg-Vorpommern) geführt. Das Gespräch fand am 21.November 2017 statt und liegt der Autorin vor.

Gegnerschaft oder Ablehnung aufhalten (siehe Abbildung 3). Die Ergebnisse der Befragung zeigen, dass die Übergänge zwischen den einzelnen Stufen sehr fließend sind und nicht eindeutig voneinander abgegrenzt werden können. Deshalb kann die Akzeptanz der lokalen Bevölkerung dem Tourismus gegenüber in den Stufen des Zwiespalts bis hin zu konditionaler Akzeptanz eingeordnet werden. Die Einordnung in eine der Akzeptanzstufen variiert jedoch von Person zu Person, da unterschiedliche Individuen demselben Objekt (hier dem Tourismus) verschieden Akzeptanzausprägungen bzw. eine Inakzeptanz entgegenbringen können.

Kommentare wie, *„Mehr auf Qualität achten"*, *„Steigerung der Qualität, weniger Quantität"*, *„Schluss mit dem Massenwahn"*, *„Weniger Betten, dafür mehr Qualität"*, oder *„Weniger ist manchmal mehr"* zeigen, dass die BewohnerInnen dem Tourismus prinzipiell nicht negativ gegenüber eingestellt sind und wenn es nach ihnen geht auch weiterhin BesucherInnen nach Usedom kommen sollen. Jedoch überwiegt die Ablehnung des Massentourismus, der großen Anzahl der BesucherInnen und somit die Forderung nach einer stärkeren Nachhaltigkeit dieses Touristenzustroms – Qualität statt Quantität. So erkennt die lokale Bevölkerung, dass eine qualitative, nachhaltige Entwicklung des Tourismus für alle Beteiligten in Zukunft gewinnbringender ist.

Die Landesregierung von Mecklenburg-Vorpommern arbeitet seit zwei Jahren an einer neuen Landestourismuskonzeption, die dazu führen soll, die Sensibilität für touristische Belange zu steigern. Dabei soll es um die Erhöhung des Tourismusbewusstseins und der Akzeptanz gehen, „denn nur, wenn ich mir dessen [der Bedeutung des Tourismus] bewusst bin, kann ich ein guter Gastgeber sein. Oder ein freundlicher, oder ein effizienter.", sagt Gerd Lange, Referatsleiter für Tourismus in Mecklenburg-Vorpommern. (Lange, 2017) Die Destination und die BürgerInnen können auch etwas stolz auf ihr Bundesland oder ihre Insel sein. Dass so viele BesucherInnen jedes Jahr nach Usedom reisen, bedeutet schließlich auch, dass diese Insel etwas Besonderes ist. Die wesentliche Aufgabe der Konzeption ist also, der Bevölkerung zu verdeutlichen, dass sie stolz auf ihre Insel sein kann, den BesucherInnen dies auch widerspiegelt und diese als Bereicherung sieht. (Lange, 2017) Es sei wichtig, sich stärker auf die positiven Aspekte zu konzentrieren, die der Tourismus mit sich bringt, als nur die Kehrseite zu betrachten, und eben die positiven Aspekte auch zu kommunizieren: „Tourismusakzeptanz hat viel damit zu tun, dass ich einerseits die Chancen sehe, aber auch natürlich die Ist Situation wahrnehme." (Lange, 2017)

Zusammenfassend lässt sich die Hypothese, dass die lokale Bevölkerung dem Tourismus gegenüber positiv eingestellt ist, nicht bestätigen. Tourismusakzeptanz ist auch in Destinationen mit hohen Gästezahlen und einer relativ großen Abhängigkeit vom Tourismus nicht automatisch gegeben. Auch wenn die Bevölkerung erkennt, dass der Tourismus viele Vorteile für sie bringt, überwiegen doch die negativen Einstellungen gegenüber dem Tourismus. So kann angenommen werden, dass negative Einstellungen gegenüber dem Tourismus stärker ins Gewicht fallen und mögliche positive Erfahrungen (wie Schaffung von Arbeitsplätzen) überlagern.

2. Hypothese: Bei der im Tourismus tätigen Bevölkerung ist eine größere Akzeptanz dem Tourismus gegenüber zu erkennen, als bei den Teilen der Bevölkerung, die nicht im Bereich Tourismus tätig sind.

Zunächst einmal lässt sich erkennen, dass der Teil der befragten Personen, der im Tourismus tätig ist, zu 77 Prozent (eher) zustimmt, sich über die vielen BesucherInnen, die nach Usedom kommen, zu freuen. Dieser Aussage stimmten nur 44 Prozent der Personen zu, die nicht im Tourismus tätig sind. Des Weiteren stimmten die im Tourismus tätigen Personen auch anderen positiven Aussagen zum Tourismus (eher) zu, als die andere Gruppe der Befragten. Dabei wurde deutlich, dass laut der Personen, die im Tourismus beschäftigt sind, die Bevölkerung dem Tourismus gegenüber positiv eingestellt ist und der Tourismus viele Arbeitsplätze schafft. In der Gruppe der Personen, die nicht im Tourismus tätig sind, fanden diese Aussagen weniger Zuspruch. Es ist also zunächst mal zu erkennen, dass die BewohnerInnen, die im Tourismus tätig sind, eine etwas positivere Einstellung dem Tourismus gegenüber vertreten und sich schwerer mit einem ganz negativen Urteil tun, weil sie wissen, dass ihre Arbeitsplätze und somit ihre Existenz vom Tourismus abhängen.

Weitere Aussagen, die die Befragten bei der Umfrage bewerten sollten, zeigen jedoch deutlich, dass auch diejenigen, die selbst im Tourismus tätig sind, die für sie negativen Seiten des Tourismus wahrnehmen. Beispielsweise kritisiert diese Gruppe ebenso wie die Gruppe der nicht im Tourismus tätigen das Lohnniveau auf Usedom. 87 Prozent stimmen (eher) nicht zu, dass das Lohnniveau in touristischen Berufen gut sei. *„Ich wünsche mir, dass endlich auch die*

Interessen der lokalen Anwohner berücksichtigt werden und die Hotels mehr Gehalt zahlen!"

Obwohl ihre Arbeitsplätze vom Tourismus abhängig sind und sie finanziell vom Tourismus profitieren, wollen die Befragten der im Tourismus tätigen Gruppe nicht, dass in Zukunft noch mehr BesucherInnen nach Usedom kommen. Interessant ist, dass mehr Personen, die im Tourismus tätig sind, diese Aussage treffen (87 Prozent), als die Personen, die nicht im Tourismus tätig sind (82 Prozent), auch wenn der Unterschied zwischen den beiden Gruppen mit fünf Prozentpunkten geringfügig und generell hoch ist. Die hohe Ablehnung von mehr Touristen in der Gruppe der in diesem Bereich tätigen könnte damit zu erklären sein, dass die BürgerInnen, die in touristischen Jobs arbeiten, jeden Tag sowohl bei der Arbeit, als auch im Privatleben vor Augen haben, welche Ausmaße der Tourismus bereits angenommen hat. Doch auch innerhalb dieser Gruppe der im Tourismus tätigen Personen lassen sich Differenzen erkennen. Etwa die Hälfte der im Tourismus tätigen Personen stimmte (eher) zu, dass der Großteil der Bevölkerung vom Tourismus profitiert, die andere Hälfte stimmte dem (eher) nicht zu. Dies zeigt eindeutig auf, wie unterschiedlich der Tourismus auf Usedom die Menschen erreicht und beeinflusst und wie unterschiedlich das Thema wahrgenommen wird.

Was Themen wie den öffentlichen Nahverkehr, Wohnraummangel oder das Verkehrsproblem angeht, unterscheiden sich beide Gruppen nicht wirklich voneinander. Selbst die Gruppe der im Tourismus tätigen Personen fühlt sich in ihrem Alltag vom Tourismus eingeschränkt und erkennt, dass mehr Anreize für die lokale

Bevölkerung geschaffen werden müssen, um die allgemeine Zufriedenheit wieder zu steigern.

Zusammenfassend lässt sich sagen, dass die Bevölkerung im gleichen Maße – egal in welchem Bereich sie arbeiten – von den Auswirkungen des Tourismus betroffen sind. Obwohl viele der befragten Personen im Tourismus tätig sind, bedeutet dies nicht automatisch, dass ihre Akzeptanz dem Tourismus gegenüber dadurch sehr hoch ist. Dies bestätigt auch Herntrei (2014) der sagt, dass die Tourismusakzeptanz auch in Tourismusdestinationen mit hohen Besucherzahlen und einer starken Abhängigkeit vom Tourismus nicht automatisch gegeben und keine Selbstverständlichkeit ist. Eine Teilnehmerin sagt dazu, *„Der Tourismus auf Usedom MUSS eingeschränkt werden. Es werden immer mehr. Klar leben wir davon aber für uns ist doch schon gar nichts mehr."* Die Hypothese, dass diejenigen, die im Tourismus tätig sind, diesem auch positiver gegenüber eingestellt sind, lässt sich demnach eingeschränkt bestätigen.

3. Hypothese: Je stärker die lokale Bevölkerung auf Usedom negativ vom Tourismus betroffen ist, desto niedriger ist deren Akzeptanz gegenüber dem Tourismus.

Die Einstellung zum Tourismus weist zum Teil Zusammenhänge mit der wahrgenommenen oder aber tatsächlich erlittenen persönlichen Einschränkung durch den Tourismus auf. Die Umfrage zeigte, dass 63 der TeilnehmerInnen angeben, negativ vom Tourismus betroffen zu sein, 19 positiv und 25 weder negativ noch positiv. Es ist überraschend zu sehen, dass die überwiegende Mehrheit der Befragten angibt, persönlich negativ vom Tourismus betroffen zu sein. Es herrscht somit ein relativ großes Ungleichgewicht, das auf die Benachteiligung, ob real oder subjektiv wahrgenommene Benachteiligung, eines großen Teils der Bevölkerung hindeutet. Die größte Diskrepanz ergab sich aus der Abfrage danach, ob der Großteil der Bevölkerung vom Tourismus profitiert.

Das Ergebnis für die Personen, die angaben, dass sie negativ vom Tourismus beeinflusst werden, überrascht nur wenig. 35 Prozent stimmten (eher) nicht zu, dass der Großteil der Bevölkerung auf Usedom vom Tourismus profitiert. Die Gruppe der positiv beeinflussten Personen stimmte der Aussage mit 79 Prozent (eher) zu. Zudem sagte die Hälfte der Gruppe der negativ vom Tourismus beeinflussten Personen aus, dass die BewohnerInnen von Usedom dem Tourismus positiv gegenüber eingestellt sind, wohingegen die andere Gruppe mit 84 Prozent zustimmt. Gerade in der Frage sechs des Fragebogens stimmten die negativ vom Tourismus beeinflussten Personen den positiven Aussagen meist nur sehr gering (eher) zu, wohingegen sie den negativeren Aussagen mit immer über 90 Prozent (eher) zustimmten. Die größte Zustimmung fand die Aussage „Der Tourismus bietet viele Arbeitsplätze für die lokale Bevölkerung."

Es ist überraschend zu sehen, dass auf Usedom, wo Tourismus der wichtigste Wirtschaftszweig ist, trotzdem der Großteil der befragten Personen angibt negativ vom Tourismus beeinflusst zu sein. Was wäre jedoch, wenn es den Tourismus auf Usedom nicht gäbe? Bei einem Blick auf andere Landesteile, in denen der Tourismus nicht so gut entwickelt ist, wird klar, dass der Tourismus viel Gutes bringt. (Lange, 2017) Ohne den Tourismus würde Usedom seinen wichtigsten Wirtschaftszweig verlieren, was womöglich schwerwiegendere Konsequenzen mit sich bringen könnte als die momentane Situation auf der Insel. Dem scheinen sich die Befragten jedoch bewusst zu sein, da sie keine Verringerung der Besucherzahlen fordern, sondern eine Verbesserung der Umstände des Tourismus.

Prinzipiell lässt sich aber auch sagen, dass die Personen, die positiv vom Tourismus beeinflusst werden, oder auch weder positiv noch negativ, nicht unbedingt zufriedener mit dem Tourismus im Allgemeinen sind. Auch sie erkennen die Schattenseiten, die der Tourismus mit sich bringt, wie das sehr hohe Verkehrsaufkommen oder der Mangel an bezahlbarem Wohnraum. Von der Gesamtheit der befragten Personen (alle drei Gruppen inbegriffen) stimmten etwa 83 Prozent (eher) zu, dass sie sich durch den Tourismus in ihrem Alltag eingeschränkt fühlen.

Abschließend kann die Hypothese bestätigt werden, dass die Akzeptanz der Personen, die negativ vom Tourismus beeinflusst werden, geringer ist als die der Personen, die positiv vom Tourismus beeinflusst werden. Die negative Gruppe erkennt zwar, dass der Tourismus ein Katalysator für Arbeitsplätze ist und äußert prinzipiell auch eine Freude darüber, dass viele BesucherInnen nach Usedom kommen, ansonsten stehen sie dem Tourismus größtenteils eher negativ gegenüber. Bei der Einordnung in das Modell der Stufen von Akzeptanz und Inakzeptanz kann die Gruppe der negativ vom Tourismus beeinflussten Personen in etwa in die Stufen der Ablehnung (starke Inakzeptanz, die verbal oder nonverbal geäußert wird) und des Zwiespaltes (kann unterschiedliche Tendenzen haben; kann weder Akzeptanz noch Inakzeptanz zugeordnet werden) eingeordnet werden. Das Stufenmodell ist aber nur bedingt anwendbar, da die Übergänge zwischen den Stufen nicht klar abgegrenzt werden können. Vielmehr trifft ein fließender Übergang zwischen beziehungsweise eine Vermischung der Stufen zu.

4. Hypothese: Je mehr die BürgerInnen sich in (touristische) Entscheidungen auf der Insel einbezogen fühlen, desto größer ist ihre Akzeptanz.

Der Großteil der lokalen Bevölkerung auf Usedom fühlt sich sowohl in touristische[14] als auch nicht-touristische Entscheidungen nicht mit einbezogen. Partizipationsmöglichkeiten sowohl im Tourismus als auch in anderen gesellschaftlichen Bereichen werden von den BürgerInnen als sehr gering angesehen. Dies kann leicht zu Akzeptanzproblemen führen. Keine der befragten Personen fühlt sich sehr in touristische Entscheidungen im Allgemeinen einbezogen und auch nur sieben Prozent fühlen sich eher einbezogen. Insgesamt 86 Prozent der Befragten fühlen sich (eher) nicht in Entscheidungen mit einbezogen.

Laut Stoll (1999) spielen sich Partizipationsdefizite auf emotionaler, nicht rationaler Ebene ab, weshalb diese Akzeptanzdefizite wohl am Schwersten zu beseitigen sein dürften. Hier haben die emotionalen Erfahrungen eines jeden Menschen eine große Bedeutung für den Meinungsbildungsprozess und eine mögliche fehlende Akzeptanz. Stoll (1999) sagt jedoch auch, dass Partizipationsverfahren eine positive Wirkung auf Betroffene haben können, sogar wenn ihnen das Entscheidungsergebnis nicht voll zusagt. Die Möglichkeit eines

[14] Hier wäre es im Nachhinein sinnvoll gewesen den Begriff touristische Entscheidungen genauer zu Differenzieren und in Unterkategorien einzuteilen.

Partizipationsangebotes allein kann sich positiv auf die Akzeptanz auswirken, da die betroffenen Personen sich mit einbezogen fühlen und vermittelt bekommen, dass ein rechtmäßiges Vorgehen vorliegt. (Stoll, 1999) Auch Herntrei (2014) erkennt, dass Bürgerbeteiligung eine größere Zufriedenheit mit der Entwicklung einer Destination verspricht und demnach eine größere Akzeptanz gegenüber dem Tourismus entsteht. Auch ein Teilnehmer der Umfrage erkennt dieses und fügt auf die Frage nach Veränderungswünschen auf der Insel hinzu: *„Partizipation bei touristischen Infrastruktur-Entscheidungen, um mehr Identifikation zu schaffen ;).“*

Es stellt sich nun aber die Frage, wie man zu diesem Informationsaustausch und aktiver Beteiligung gelangt. Dies sei nicht nur Aufgabe der Verwaltung und kommunalen Vertretungen, sondern auch der EinwohnerInnen und „Betroffenen“ selbst, sagt Lange. Informationen über geplante Vorhaben von Verwaltung, Behörden und Bauhöfen werden den BürgerInnen auf den Internetseiten der Gemeinden in den entsprechenden Rubriken oftmals bereitgestellt. Wenn jeder Einzelne dazu bereit ist, etwas Aufwand zu betreiben, kann er sich im Vorhinein bereits gut informieren. (Lange, 2017) Wie die Interessen dann aber anerkannt oder umgesetzt werden erklärt Gerd Lange so, „Und deshalb bin ich da eher Verfechter der Selbstinformation, aus meinem aktiven Wollen, als der Anspruchshaltung, dass müssen die mir alles schon sagen und dann muss ich gefragt werden.“ (Lange, 2017)

Bislang scheint dies jedoch nicht geklappt zu haben. Es stellt sich also die Frage, ob die BürgerInnen sich dieser möglichen Informationsquellen nicht bewusst sind, ob ein Teil der Bevölkerung keinen Zugriff auf das Internet hat oder ob sie die Informationsangebote schlicht und einfach nicht wahrnehmen. Diese Forschungsarbeit zeigt, dass in Zukunft auf diesem Gebiet mehr geschehen muss. Dazu zählt auch, dass die Tourismusakteure aktiver auf die Bevölkerung zugehen sollten.

Die Hypothese, dass die Akzeptanz der BürgerInnen größer ist, je mehr sie sich in (touristische) Entscheidungen mit einbezogen fühlen kann also zum Teil mit Ja beantwortet werden. Mehr Partizipationsmöglichkeiten sind von der Bevölkerung gewünscht, um Tourismusentscheidungen in Zukunft besser beeinflussen zu können. Da diese aber, laut der befragten Personen, derzeit auf Usedom kaum vorhanden sind, kann in der Gruppe der Befragten kein direkter Zusammenhang zwischen Partizipation und Akzeptanz belegt werden. Dies lässt Raum für zukünftige Forschungsarbeiten in Regionen, in denen die Partizipationsmöglichkeiten der lokalen Bevölkerung ausgebaut werden und bereits stärker vorhanden sind.

5. Hypothese: Die Tourismusakzeptanz unterscheidet sich nach soziodemographischen Faktoren.

Job (1996), Weiß (1998) und Beckmann (2003) fanden in ihren Untersuchungen heraus, dass soziodemographische Merkmale wie der Bildungsgrad oder das Alter der befragten Personen Einfluss auf die Akzeptanz (in ihrem Fall von Naturschutzmaßnahmen) nehmen können. Die Ergebnisse zeigen, dass ein Zusammenhang zwischen den demographischen Merkmalen und der Akzeptanz zum Tourismus besteht, was die Forschung der zuvor genannten Forscher bestätigt. Jedoch gibt es Unterschiede in den Differenzierungen zwischen Geschlecht und Alter.

Es ist zu erkennen, dass der soziodemographische Faktor Geschlecht nur sehr geringe Unterschiede in der Akzeptanz der Bevölkerung gegenüber dem Tourismus aufweist. Hierbei ist jedoch auch zu beachten, dass mehr Frauen (n=67) an der Umfrage teilgenommen haben, als Männer (n=40). Nichtsdestotrotz lassen die Antworten deutliche Tendenzen erkennen. Ein deutlicher Unterschied ist zu erkennen, wenn es darum geht, ob der Großteil der Bevölkerung vom Tourismus profitiert. Dieser Aussage stimmten 63 Prozent der weiblichen TeilnehmerInnen zu und nur 38 Prozent der männlichen. Dies macht einen Unterschied von 25 Prozent. Frauen scheinen die positiven Eigenschaften des Tourismus demnach stärker wahrzunehmen als Männer. Insgesamt ähneln sich die Aussagen der Frauen und Männer jedoch von der Tendenz her stark.

Der Faktor Alter bestätigt die Hypothese in stärkerem Maße. Die Ergebnisse haben eindeutig gezeigt, dass die Akzeptanz dem Tourismus gegenüber in den verschiedenen Altersgruppen unterschiedlich ausgeprägt ist. Es ist deutlich zu erkennen, dass gerade die jüngere Altersgruppe der 18- bis 30-jährigen dem Tourismus kritisch gegenübersteht. Je älter die Befragten, desto toleranter die Antworten. 100 Prozent der TeilnehmerInnen im Alter von 18 bis 30 Jahren sagten, dass bereits zu viele BesucherInnen auf die Insel Usedom kommen. Wohingegen die anderen Altersgruppen nur mit ungefähr 80 Prozent zustimmten. Nur 36 Prozent der 18- bis 30-jährigen stimmten zu, dass die BewohnerInnen dem Tourismus positiv gegenüber eingestellt sind. Die anderen Altersgruppen erreichten deutlich höhere Ergebnisse. Die jüngste Altersgruppe hat zudem das Gefühl, dass der Großteil der lokalen Bevölkerung nicht vom Tourismus profitiert. Es ist zu erkennen, dass die Wahrnehmung in den unterschiedlichen Altersgruppen bezüglich bestimmter Aussagen sehr unterschiedlich ist.

Es stellt sich nun die Frage, womit dies zu erklären ist, da deutlich zu erkennen ist, dass mit ansteigendem Alter die befragten Personen sich weniger vom Tourismus eingeschränkt fühlen. Im Kontext dieser Arbeit könnte dies damit zu erklären sein, dass die Menschen auf Usedom sehr unterschiedlich vom Tourismus profitieren und beeinflusst werden. Gerd Lange vom Ministerium für Wirtschaft, Arbeit und Gesundheit in Mecklenburg-Vorpommern deutet als Erklärung an, dass dies etwa mit der Angebotsmischung auf Usedom zusammenhängt und auch der Zielgruppenorientierung, was die touristische Infrastruktur betrifft. Usedom hat den Ruf der „Rentner-Insel“, was auch von der Bevölkerung angemerkt wird. Prinzipiell ist man als jüngere Person nicht unbedingt dort zufrieden, wo das Angebot eher auf die älteren Generationen ausgelegt ist. (Lange, 2017) Es ist jedoch eine ernstzunehmende Entwicklung, wenn die jüngeren Generationen von der Tendenz her eine größere Abneigung dem Tourismus gegenüber zeigen. Dem muss entgegengewirkt werden, da sich der Tourismus sonst auf Dauer nicht halten kann. Gerade die jüngeren BewohnerInnen sind wohlmöglich zukünftige Arbeitnehmer und bestenfalls Arbeitgeber im Bereich Tourismus. Deswegen muss mehr dafür getan werden, diese auch auf der Insel zu halten.

Es ist zu erkennen, dass die Hypothese keine eindeutige Zustimmung oder Widerlegung zulässt. Zusammenfassend lässt sich sagen, dass die hier untersuchten soziodemographischen Merkmale eher einen leicht indirekten Einfluss auf die Akzeptanz des Tourismus in der lokalen Bevölkerung nehmen. Einen stärkeren Einfluss auf die Akzeptanz der BürgerInnen hat in diesem Fall eher die positive oder negative Betroffenheit durch den Tourismus.

7 Fazit und Handlungsempfehlungen

7.1 Fazit

Wie ist die Akzeptanz der lokalen Bevölkerung auf Usedom dem Tourismus gegenüber?

Das Ziel dieser Forschungsarbeit war es, zu untersuchen, wie und in welchem Ausmaß die lokale Bevölkerung auf der Insel Usedom den Tourismus akzeptiert. Die Akzeptanz der lokalen Bevölkerung wurde mit Hilfe einer quantitativen Studie erforscht. Der quantitative Forschungsansatz, der in dieser Arbeit verwendet wurde, war eine Online-Umfrage in den sozialen Netzwerken Facebook (und Xing). Die Ergebnisse der Untersuchung legen dar, dass die Tourismusakzeptanz der lokalen Bevölkerung auf Usedom zwischen verschiedenen Bevölkerungsteilen variiert, im Allgemeinen aber eine ähnliche Tendenz bei den meisten Befragten andeutet. Hierbei handelt es sich weder um eine vollkommene Akzeptanz noch eine vollständige Inakzeptanz. Es ist jedoch auch zu erkennen, dass erhebliches Potential für die Verbesserung der Tourismusakzeptanz vorhanden ist (siehe Kapitel 7.2). Dazu sei jedoch gesagt, dass es nicht möglich ist, eine vollkommene Akzeptanz in allen Teilen der Bevölkerung zu erreichen. Dazu nehmen zu viele Faktoren Einfluss auf die Akzeptanz einer Person.

Die empirische Untersuchung, die in dieser Forschungsarbeit angewendet wurde, zeigt, dass die Tourismusakzeptanz von vielen

Faktoren, die mit einander verflochten sind, abhängt. Dazu zählen beispielsweise die Erwartungen der BewohnerInnen im Bereich Tourismus, Partizipationsmöglichkeiten und Anreize, die persönliche Betroffenheit, sowie der Informationsgrad der Befragten und die Beurteilung von Einschränkungen durch den Tourismus. Die Akzeptanz kann zudem durch unterschiedliche demographische, sowie kulturabhängige und zeitliche Komponenten beeinflusst werden. Spannend war es hier, die Ergebnisse der Umfrage zu betrachten, die sich mit den Meinungen der verschiedenen Altersgruppen beschäftigt haben. Es ist zu erkennen, dass gerade die jüngste Teilnehmergruppe der 18- bis 30-jährigen dem Tourismus negativer gegenübersteht und die BewohnerInnen mit steigendem Alter toleranter gegenüber Tourismusentscheidungen und dem Tourismus im Allgemeinen werden. Nichtsdestotrotz erreicht keine der Altersgruppen vollkommene Akzeptanz.

Die Ergebnisauswertung deutet darauf hin, dass die BewohnerInnen von Usedom prinzipiell keine Abneigung gegenüber den BesucherInnen per se haben, sondern der Tatsache, dass jährlich mehr BesucherInnen angelockt werden, die Besucherströme nicht reguliert werden, und das Tragevermögen der Insel und ihrer BewohnerInnen bereits erreicht ist. Es kommt ganz klar zum Ausdruck, dass die lokale Bevölkerung das Gefühl hat, vergessen zu werden und vom Tourismus abgehängt zu werden. Es kommen immer mehr Unterkünfte und Angebote für die BesucherInnen hinzu, was dafür sorgt, dass nicht genügend bezahlbarer Wohnraum für die lokale Bevölkerung verfügbar ist. Ebenso sind die Straßen in den Monaten der Hauptsaison überfüllt, was zu erheblichen Einschränkungen im Straßenverkehr führt. Diese Auswirkungen greifen massiv in den Alltag der lokalen Bevölkerung ein und sorgen für Unzufriedenheit. Der Großteil der Personen versteht, dass der Tourismus viel Gutes für die Insel bringt, ist jedoch überzeugt, dass dies in Maßen passieren muss.

Es sollte somit mehr Wert auf die Qualität des Tourismus gelegt werden, als auf die Quantität; eine nachhaltigere Tourismusentwicklung sollte angestrebt werden. Herntrei (2014) erklärte, es sei notwendig, dass sich touristische Leistungsträger und die Politik in den Punkten Information, Kommunikation, Sensibilisierung und Transparenz bemühen (sollten), um die Tourismusakzeptanz aufrecht zu erhalten oder zu verbessern. Dies kann auch für Usedom ein Lösungsansatz für Akzeptanzprobleme darstellen. Der Wunsch, Anreize für die lokale Bevölkerung zu schaffen, klingt bei vielen Befragten mit. Die Bevölkerung wünscht sich abgeholt und wieder wahrgenommen zu werden. Bislang haben die BewohnerInnen das Gefühl, dass die Entscheidungsträger auf der Insel ihre Bedürfnisse nicht ausreichend berücksichtigen.

Eine Verbindung zwischen den Wahlergebnissen bei den Landtagswahlen 2016 sowie den Bundestagswahlen 2017 und der Tourismusakzeptanz kann auf Grund der Umfrageergebnisse nicht pauschal hergestellt werden. Auch wenn der Tourismus zur Unzufriedenheit der BürgerInnen beiträgt, kann nur spekuliert werden, dass dies auch Auswirkungen auf das Wahlverhalten der BürgerInnen auf Usedom hat. Auf der Insel gibt es viele weitere Aufgabenbereiche, wie beispielsweise die Wirtschaft anzukurbeln, Bildungsangebote zu verbessern und strukturschwache Regionen zu stärken etc., die von der lokalen Bevölkerung als deutlich wichtiger eingestuft werden, als sich weiter um die Tourismusförderung zu kümmern. Auch wenn viele der Aufgabenbereiche im weitesten Sinne trotzdem auf den Tourismus bezogen werden können, da die Tourismuswirtschaft der wichtigste Wirtschaftszweig auf der Insel ist, wird deutlich, dass noch andere „Baustellen“ in Politik und Gesellschaft auf der Insel vorliegen, die dazu geführt haben können, dass die lokale Bevölkerung unzufrieden ist und sie veranlasst hat, die AfD zu wählen. Der Tourismus ist hier nur ein Zahn des Zahnrads der Unzufriedenheit. Der Glücksatlas der Deutschen Post zeigt nämlich auch, dass die Lebenszufriedenheit in Mecklenburg-Vorpommern knapp hinter dem Durchschnitt in Deutschland liegt, resultierend aus den Kategorien Einkommen, Gesundheit und Wohnen und Freizeit. Von allen 19 untersuchten Regionen belegt Mecklenburg-Vorpommern den 17. Platz in Hinsicht auf die Zufriedenheit.

Zusammenfassend lässt sich sagen, dass am Beispiel Usedom bei der Bevölkerung weder eine vollkommene Akzeptanz noch eine vollkommene Aversion dem Tourismus gegenüber vorliegt. Die Ergebnisse der Umfrage zeigen ein gutes Stimmungsbild der lokalen Bevölkerung auf Usedom in Bezug auf den Tourismus. Eine eindeutige Differenzierung zwischen der Bevölkerungsgruppe, die im Tourismus tätig und der, die nicht im Tourismus tätig ist in Bezug auf ihre Tourismusakzeptanz ist nicht klar zu erkennen. Obwohl viele BürgerInnen vom Tourismus abhängig sind und im Tourismus arbeiten, bedeutet dies nicht automatisch eine positive Einstellung oder vollkommene Akzeptanz dem Tourismus gegenüber. Dies ist durchaus auch damit zu erklären, dass der Tourismus verschiedene Teile der lokalen Bevölkerung auf Usedom auf unterschiedliche

Weise berührt und beeinflusst. Insgesamt lässt sich feststellen, dass die Tourismusakzeptanz der lokalen Bevölkerung weiter gesteigert werden sollte, um die Destination und Insel Usedom auf Dauer für BesucherInnen und Bevölkerung attraktiv zu halten.

7.2 Handlungsempfehlungen

Die Ursachen für Akzeptanzprobleme im Tourismus sind letztlich in großem Maße im Bereich der Einstellungen und persönlichen Werte der befragten Person verankert. Stimmen die Entscheidungen und Ziele der Regierung oder Tourismusakteure nicht mit dem eigenen Wertesystem überein, ist die Chance einer Ablehnung groß (Job, 1996). Nichtsdestotrotz können bestimmte Maßnahmen getroffen werden, um die Tourismusakzeptanz zu halten oder zu steigern.

Zuerst einmal ist es wichtig, der lokalen Bevölkerung bewusst zu machen, was der Tourismus für positive Aspekte mit sich bringt. Ein Großteil der Bevölkerung auf Usedom profitiert direkt oder indirekt vom Tourismus. Der Tourismus kann, auch auf Usedom, zu einer höheren Lebensqualität beitragen; und zwar durch ein besseres kulturelles Angebot, mehr Infrastruktur und Arbeitsplätze direkt vor Ort. Würde es auf Usedom keinen Tourismus geben, gäbe es weniger Arbeitsplätze, eventuell einen weniger gut ausgebauten öffentlichen Nahverkehr und ein wohl eher überschaubares Kulturprogramm. Es ist wichtig, die BewohnerInnen jetzt wieder abzuholen und ihnen zu verdeutlichen, dass der Tourismus eine treibende Kraft auf der Ostseeinsel ist und welche Chancen er noch für die Region bringen kann. Gerade die junge Bevölkerung muss mitgenommen werden. Dabei ist es wichtig miteinander zu sprechen, sowie über die positiven Auswirkungen die der Tourismus auf die Infrastrukturausstattung in den jeweiligen Orten oder aber auch allgemein auf der Insel hat. Der Chiemgau Tourismus hat sich dieses auch zur Aufgabe in der Region Chiemgau gemacht. Sie ermutigen die Bevölkerung die Akzeptanz und Wertschätzung für den Tourismus in der Region Chiemgau zu fördern. Dafür erstellten sie ein Werbevideo, welches die Vorteile des Tourismus aufzählt und die Schönheit und Einzigartigkeit der Region betont.[15] Gezielte Werbung und die Verbreitung relevanter Informationen in Lokalzeitungen, im Radio und Internet durch Tourismusakteure und Behörden können zu positiven Entwicklungen im Bereich der Akzeptanz beitragen.

Des Weiteren ist es wichtig, die Mitwirkungs- und Mitentscheidungsmöglichkeiten der lokalen Bevölkerung auszubauen. Partizipationsverfahren können einen positiven Effekt auf die betroffene Bevölkerung haben, auch wenn diese dem Ergebnis nicht vollkommen zustimmt (Stoll, 1999). Den BürgerInnen ist bewusst, dass nicht alle Ideen, die sie sich in den Kopf setzten, umgesetzt werden können. Die Möglichkeit jedoch, am Entscheidungsprozess beteiligt zu sein und ein Partizipationsangebot wahrzunehmen, kann sich schon positiv auf die Akzeptanz auswirken (Stoll, 1999). Die Akzeptanz in der Bevölkerung ist mit Voraussetzung für eine erfolgreiche Tourismusentwicklung. Um das Gefühl von fehlenden Partizipationsmöglichkeiten in der lokalen Bevölkerung abzubauen, spielt aber auch die möglichst direkte Informationsvermittlung eine Rolle. Scheinbar können bereits viele Informationen über Planungsprozesse auf den Internetseiten der Gemeinden eingesehen werden, da jedoch ein Großteil der

---

15 YouTube Video der Chiemgau Tourismus unter: https://www.youtube.com/watch?v=QVm4glSNXK0

Bevölkerung auf Usedom im älteren Alter ist, kann es sein, dass diese Personen kein Internet nutzen. Direkte Informationen bieten hier beispielsweise Veranstaltungen, die auch noch die Kommunikation mit der einheimischen Bevölkerung ermöglichen, zum Beispiel im Format von Stadthallendiskussionen mit Vertretern der lokalen Behörden, Städte und Tourismusakteuren. Solche Veranstaltungen können genutzt werden, um aktuelle Themen auf der Insel zu diskutieren und ein besseres Verhältnis zwischen BürgerInnen und Regierung, touristischen Akteuren und Planungsbeauftragten aufzubauen. Bürgernähe gibt den Menschen auf Usedom das Gefühl wahr- und ernstgenommen zu werden.

Zudem scheint es notwendig auch aktive Maßnahmen zu ergriffen. Viele UmfrageteilnehmerInnen erwähnten eine mangelhafte Infrastruktur gerade für die jüngere Bevölkerung. Doch genau dieser Teil der Bevölkerung braucht Anreize, um auf der Insel wohnen zu bleiben und aktiv an der Gestaltung des Tourismus in Zukunft mitzuwirken. Diese Anreize können im Bereich Arbeit gesetzt werden, indem die Aufmerksamkeit auf touristische Berufe gelenkt wird. Zunächst scheinen die Jobs im Tourismus nicht sehr attraktiv für die jüngeren BürgerInnen auf Grund von Schichtarbeit und oftmals niedriger Bezahlung. Die Tourismuswirtschaft ist jedoch eine Branche, in der es gute Aufstiegschancen gibt. Ebenso könnten Anreize für die lokale Bevölkerung geschaffen werden, sich im Bereich des Tourismus selbständig zu machen und eigene Ideen umzusetzen. Ideenwettbewerbe für die Verbesserung des Tourismus auf der Insel wären eine Überlegung. Außerdem scheint eine Erweiterung des Freizeitangebotes notwendig um auch den Alltag abseits der Arbeit attraktiv für die jüngere Bevölkerung zu gestalten.

Dazu können Bars oder Clubs zählen, aber auch ein breites Angebot von Sportmöglichkeiten, Kino oder Minigolf.

Um das hohe Verkehrsaufkommen zu entzerren, könnten Anreize geschaffen werden, dass weniger Menschen mit dem PKW anreisen oder auch während ihres Aufenthaltes das Auto stehen lassen. Dazu könnte den BesucherInnen eine Karte zur Verfügung gestellt werden, die die Person dazu berechtigt, alle öffentlichen Verkehrsmittel auf der Insel zu nutzen. Der Preis für diese Karte könnte mit den jeweiligen Hotels verrechnet werden und Kooperationen mit anderen touristischen Attraktionen geschaffen werden. Beispielsweise könnten die BesucherInnen mit der Karte vergünstigt Museen besuchen oder Ausflüge buchen. Als Beispiel kann hier die Stadt Bratislava angeführt werden, die so eine Karte bereits anbietet. Mit dieser CityCard kann der Tourist alle öffentlichen Verkehrsmittel nutzen, bekommt eine Preisreduktion auf Stadtführungen, einige Museen, Galerien oder Ausflüge, sowie Taxifahrten und den Autoverleih. (Visit Bratislava, 2017)

Momentan fokussiert sich der Tourismus eher auf die Sommermonate, was dazu führt, dass in vielen touristischen Unternehmen ausschließlich während der Sommersaison Arbeitskräfte benötigt werden. Um ganzjährige Arbeitsplätze und qualitativ bessere Arbeitsbedingungen zu schaffen, könnte der Tourismus auch in den auslastungsschwachen Monaten ausgebaut werden.

Abschließend lässt sich sagen, dass der Tourismus auf Usedom insgesamt nachhaltiger gestaltet werden sollte, um auch dauerhaft zu funktionieren. Dazu sollte in Zukunft mehr auf die qualitative Tourismusentwicklung, als auf die quantitative, gesetzt werden. Außerdem sollte analysiert werden, wie viel Tourismus die Insel und ihre BewohnerInnen ertragen können, sowie Lösungsansätze für das Verkehrsproblem in den Sommermonaten entwickelt und umgesetzt werden.

Mit steigenden Besucherzahlen wächst die Gefahr, dass die Landschaft und Vegetation der Insel für neue Hotels und Ferienwohnungen weichen muss und durch großen Andrang und hinterlassenen Müll dauerhaft beschädigt wird. Es wäre für Usedom möglicherweise auch eine Maßnahme die Tourismusstrategie dahingehend zu ändern sich nicht auf steigende Touristenzahlen zu fokussieren, sondern auf nachhaltigen Tourismus, der bleibend wirtschaftlich gewinnbringend, sowie umwelt- und sozialverträglich ist. Teil dieser nachhaltigen Tourismusentwicklung ist auch die Akzeptanz der lokalen Bevölkerung, die automatisch durch nachhaltigeren Tourismus gesteigert wird.

7.3 Einschränkungen und Zukünftige Forschungsarbeiten

Die vorliegende Forschungsarbeit präsentiert erste wissenschaftliche Ergebnisse einer Erhebung mit dem Schwerpunk auf Akzeptanz und Inakzeptanz des Tourismus auf Usedom. Der Fokus auf die Akzeptanzforschung war dabei naheliegend, weil durch steigende Besucherzahlen auf der Insel ein merklicher Widerstand von Seiten der Bevölkerung gegenüber dem Tourismus zu erkennen war. Das Konzept der Akzeptanzeinstellungen ist wissenschaftlich gesehen jedoch nicht nur als einmaliges Ereignis zu begreifen, sondern als ein kontinuierlicher Prozess. Würde die gleiche Umfrage in sechs Monaten oder in einem Jahr erneut durchgeführt werden, könnten sich die Ergebnisse und somit die Tourismusakzeptanz der Bevölkerung bereits verändert haben.

Diese Forschungsarbeit über die Akzeptanz der lokalen Bevölkerung dem Tourismus auf Usedom gegenüber wurde mit einem quantitativen Forschungsansatz bearbeitet. Für zukünftige Forschungsarbeiten wäre es interessant, qualitative Forschung in Form von vertiefenden Interviews zu betreiben. Die Interviews könnten sowohl mit Menschen aus der lokalen Bevölkerung durchgeführt werden, aber auch mit Tourismusexperten aus Mecklenburg-Vorpommern und Usedom, um auch einen Einblick in deren Sicht der Dinge zu bekommen.

Des Weiteren beschränkt sich diese Forschungsarbeit nur auf das Fallbeispiel der Insel Usedom. Die hier erzielten Ergebnisse sind aus diesem Grund nicht auf alle Tourismusdestinationen in Bezug auf die Akzeptanz übertragbar; sie können jedoch als Orientierung dienen. Es wäre interessant, die hier verwendete Forschung auch für andere Tourismusdestinationen in Deutschland, Europa oder aber auch weltweit anzuwenden.

Themen wie Massentourismus, Überbauung und Frust der lokalen Bevölkerung sind momentan nicht nur in Deutschland ein aktuelles Thema. In der globalisierten Welt, in der die Menschen häufig und gerne reisen – auch weil Reisen immer bezahlbarer für größere Teile der Bevölkerung wird – wäre es spannend, andere Fallbeispiele zu betrachten. Beispielsweise wäre hier ein Blick auf Spanien, insbesondere Barcelona oder Mallorca, interessant, wo sich 2017 die lokale Bevölkerung laut gegen den Massentourismus ausgesprochen hat und sogar weitreichende Bürgerinitiativen gegen den Ausbau des Tourismus gegründet wurden.

Während der Erarbeitung der Forschungsarbeit fiel wiederholt auf, wie ähnlich sich die spanischen Destinationen und Usedom im Hinblick auf die Tourismusentwicklung sind. Spannend wäre hier ein internationaler Vergleich zwischen den genannten Destinationen in Bezug auf die Bevölkerung: welche Probleme ähneln sich, wo bestehen Unterschiede, wie lässt sich die Tourismusakzeptanz der verschiedenen Bevölkerungen gegenüberstellen und vor allem wie lässt sich die Akzeptanz langfristig und nachhaltig steigern. Denn schließlich profitiert nicht nur die lokale Bevölkerung von einer höheren Akzeptanz, sondern auch die BesucherInnen.

Alles in allem hat die Untersuchung auf der Insel Usedom gezeigt, dass das Erreichen einer möglichst großen Akzeptanz im Tourismus ein wichtiges Themenfeld ist. Deswegen sind weitere Forschungsarbeiten zu diesem Thema notwendig und werden empfohlen, um weiterhin die Komplexität der Akzeptanzforschung im Tourismus zu untersuchen. Bis dato liegen – soweit der Autorin bekannt – keine wissenschaftlichen Forschungsarbeiten zur Tourismusakzeptanz in touristischen Destinationen in Deutschland vor. Mit wachsenden Besucherzahlen auch in Deutschland wäre es interessant und notwendig sich weiterhin mit diesem Thema zu beschäftigen, da eine hohe Akzeptanz der lokalen Bevölkerung zu einer erfolgreichen Tourismusentwicklung beitragen kann. Weitere

Forschungsmaßnahmen zum Thema Tourismusakzeptanz können auch unterstützend wirken, um die Akzeptanz von der Bevölkerung für den Tourismus zu erhöhen und dadurch auch langfristig den nachhaltigen Tourismus zu stärken.

8. Literaturverzeichnis

Altmann, T. (2011). *Dachmarkenprozess in der Regionalentwicklung - Akzeptanztanalyse am Beispiel der Dachmarke Südtirol.* Technische Universität Kaiserslautern, Regionalentwicklung und Raumordnung. Kaiserslautern: Selbstverlag.

Atteslander, P. (2008). *Methoden der empirischen Sozialforschung* (12. Ausg.). Berlin: Erich Schmidt Verlag GmbH & Co. .

Backhaus, K., Erichson, B., Plinke, W., & Weiber, R. (2005). *Multivariate Analysemethoden. Eine anwendungsorientierte Einführung* (11. Ausg.). Heidelberg.

Becht, S., & Talaron, S. (2014). *Mecklenburg-Vorpommern.* Erlangen: Michael Müller Verlag.

Beckmann, O. (2003). Die Akzeptanz des Nationalparks Nidersächsisches Wattenmeer bei der einheimischen Bevölkerung. *Europäische Hoschulschriften, IV*(23).

Bellevue. (o.D.). *Karte Usedom.* Abgerufen am 1. Februar 2017 von https://www.bellevue.de/stories-und-ratgeber/immobilien-ostsee-haeuser-und-wohnungen-von-fehmarn-bis-ruegen-1391.html

Berger, C., Branscheid, B., Hausmanns, U., Hennemann, M., Hermanns, C., Hofmann, H., . . . Wurth, A. (2013). *Mecklenburg-Vorpommern.* Ostfildern: Karl Baedeker GmbH.

Blackstock, K. (2005). A Critical Look at Community Based Tourism. *Community Development Journal, 40*(1), 39-49.

Bortz, J. (1993). *Statistik für Sozialwissenschaftler.* Berlin: Springer.

Brockhaus Enzyklopädie. (1986). Definition Akzeptanz. Mannheim: Bibliographisches Institut & Mannheimer Morgen Großdruckerei und Verlag GmbH.

Degele, N. (2002). *Einführung in die Techniksoziologie.* München.

Diekmann, A. (2004). *Empirische Sozialforschung* (12. Ausg.). Reinbeck: Rowohlt Taschenbuch Verlag.

dpa. (04. August 2017). *Mehr als 10.000 Leiharbeiter in Mecklenburg-Vorpommern.* Abgerufen am 23. Oktober 2017 von SVZ: https://www.svz.de/regionales/newsticker-nord/mehr-als-10-000-leiharbeiter-in-mecklenburg-vorpommern-id17484361.html

Dudenredaktion. (o.D.). *Stimmungsbild.* Abgerufen am 06. November 2017 von Duden online: https://www.duden.de/node/698544/revisions/1669813/view

Europäische Kommission. (o.D.). *karte mecklenburg-vorpommern.* Abgerufen am 25. Oktober 2017 von weltkarte.com: https://www.weltkarte.com/europa/deutschland/mecklenburg_vorpommern.htm

Ewert, H. (24. Oktober 2017). *"Wir ersticken im Verkehr und Gäste kommen nicht wieder"*. Abgerufen am 26. Oktober 2017 von Ostsee-Zeitung: http://www.ostsee-zeitung.de/Vorpommern/Usedom/Wirtschaft/Wir-ersticken-im-Verkehr-und-Gaeste-kommen-nicht-wieder

Faulkner, B., & Tideswell, C. (1997). A framework for monitoring community impacts of tourism. *Journal of Sustainabel Tourism, 5*(1), 3-28.

Gutsche, A. (15. November 2014). *Aus Kritiker-Einwänden wird "Glücksfall Bürgerbeteiligung"*. Abgerufen am 20. September 2017 von Ostsee-Zeitung: http://www.ostsee-zeitung.de/Vorpommern/Usedom/Aus-Kritiker-Einwaenden-wird-Gluecksfall-Buergerbeteiligung

Haussmanns, U., Höhne, W., & Szerelmy, B. (2013). *Usedom* (5. Ausg.). Ostfildern: Karl Baedeker GmbH.

Herntrei, M. (2014). *Wettbewerbsfähigkeit von Tourismusdestinationen- Bürgerbeteiligung als Erfolgsfaktor?* Wiesbaden: Springer Gabler.

Hillmann, K.-H. (1994). *Wörterbuch der Soziologie* (4. Ausg.). Stuttgart.

Hilmer, R., Kohlrausch, B., Müller-Hilmer, R., & Gagné, J. (2017). *Einstellung und soziale Lebenslage - Eine Spurensuche nach Gründen für rechtspopulistische Orientierung, auch unter Gewerkschaftsmitgliedern.* Hand-Böckler-Stiftung, Düsseldorf.

Hofinger, G. (2001). Denken über Umwelt und Natur.

Jackob, N., Schoen, H., & Zerback, T. (2009). *Sozialforschung im Internet: Methodologie und Praxis der Online-Befragung.* Springer-Verlag.

Jakob, C. (07. September 2016). *Politische Stimmung auf Usedom - Angst vor der Flut.* Abgerufen am 03. November 2017 von taz: http://www.taz.de/!5334425/

Job, H. (1996). Großschutzgebiete und ihre Akzeptanz bei Einheimischen. Das Beispiel der Nationalparke im Harz. *Geographische Rundschau, 48*(3), 159-165.

Kaiserbäder auf Usedom. (2015). *Reiseverkehrsstatistik 2015.* Abgerufen am 03. Juli 2017 von http://www.kaiserbaeder-auf-usedom.de/wp-content/uploads/2015/04/3kb_reiseverkehrsstatistik-2015_a4_web.pdf

LamaPoll. (o.D.). *Why LamaPoll?* Abgerufen am 17. Oktober 2017 von LamaPoll: https://www.lamapoll.com/why-lamapoll

Landkreis Vorpommern-Greifswald. (o.D.). *Verkehrsinfrastruktur des Landkreises.* Abgerufen am 26. Oktober 2017 von http://www.kreis-vg.de/Wirtschaft/Verkehrsinfrastruktur

Lange, G. (21. November 2017). Tourismusakzeptanz in Mecklenburg-Vorpommern und auf Usedom . (R. Potts, Interviewer)

Lucke, D. (1995). *Akzeptanz - Legitimität in der "Abstimmungsgesellschaft".* Wiesbaden: Springer Fachmedien Wiesbaden GmbH.

Ludmann, S. (25. September 2017). *Bundetagswahl: Usedom - Hochburg der AfD.* Abgerufen am 05. November 2017 von NDR 1 Radio MV: http://www.ndr.de/nachrichten/mecklenburg-vorpommern/Bundestagswahl-Usedom-Hochburg-der-AfD-,usedom352.html

Müller, L. (6. September 2016). *Wie der Antisemitismus an die Ostsee kam.* Abgerufen am 11. Juli 2017 von Süddeutsche: http://www.sueddeutsche.de/kultur/rechtspopulismus-wie-der-antisemitismus-an-die-ostsee-kam-1.3150380

Müller, L. (06. September 2016). *Wie der Antisemitismus an die Ostsee kam.* Abgerufen am 08. Januar 2017 von Süddeutsche Zeitung: http://www.sueddeutsche.de/kultur/rechtspopulismus-wie-der-antisemitismus-an-die-ostsee-kam-1.3150380

Müller, U. (14. August 2017). *"Die Stimmung ist von Liebe in Hass umgeschlagen".* Abgerufen am 16. August 2017 von Welt: https://www.welt.de/wirtschaft/article167643172/Die-Stimmung-ist-von-Liebe-in-Hass-umgeschlagen.html

Müller, W. (2005). *Multivariate Statistik im Quantitativen Marketing. Teil VII: Grundzüge der Conjoint-Analyse* (Bd. 12). Dortmund: Institut für Angewandtes Markt-Management.

Marx, P. (11. März 2012). *Usedom, die braune Insel.* Abgerufen am 05. November 2017 von Deutschlandfunk: http://www.deutschlandfunk.de/usedom-die-braune-insel.724.de.html?dram:article_id=100489

Mayer, M., & Stoll-Kleemann, S. (2016). Naturtourismus und die Einstellung der lokalen Bevölkerung gegenüber Großschutzgebieten. *Natur und Landschaft*, 20-25.

Ministerium für Wirtschaft, Arbeit und Gesundheit. (28. Februar 2017). *Pressemitteilung* . Abgerufen am 25. Oktober 2017 von https://www.regierung-mv.de/Aktuell/?id=124762&processor=processor.sa.pressemitteilung

Mumme, T. (05. September 2016). *Tourismusbranche in Sorge nach AfD-Wahl.* Von Welt: https://www.welt.de/politik/deutschland/article157959278/Tourismusbranche-in-Sorge-nach-AfD-Wahlerfolg.html abgerufen

Netigate. (o.D.). *10 Vorteile von Online-Befragungen in der Praxis.* Abgerufen am 17. Oktober 2017 von Netigate: https://www.netigate.net/de/magazin/10-vorteile-von-online-befragungen-in-der-praxis-teil-1/

Neuerer, D. (07. September 2016). *Usedom - eine Insel driftet nach rechts.* Abgerufen am 05. November 2017 von Handelsblatt: http://www.handelsblatt.com/politik/deutschland/landtagswahlen-2016/afd-und-npd-usedom-eine-insel-driftet-nach-rechts/14512794.html

Nordlandsicht. (o.D.). *Fakten Insel Usedom .* Abgerufen am 26. Oktober 2017 von http://www.nordlandsicht.com/Deutschland_Regionen/insel-usedom_fakten.htm

Ostsee.de Info. (o.D.). *Insel Usedom.* Abgerufen am 01. Februar 2017 von https://www.ostsee.de/insel-usedom/

Ostsee-Zeitung. (30. Dezember 2016). *Ski-Floh, Protestwähler und Bürgerinitiativen.* Abgerufen am 31. Juli 2017 von Ostesee-Zeitung: http://www.ostsee-zeitung.de/Vorpommern/Usedom/Ski-Floh-Protestwaehler-und-Buergerinitiativen

Potts, R. (2017). *Usedom und Dresden: Eine Untersuchung über den Einfluss rechtspopulistischer Tendenzen auf die Entwicklung des Tourismus.* Projektbericht, Eberswalde.

Raab-Steiner, E., & Benesch, M. (2008). *Der Fragebogen - Von der Forschungsidee zur SPSS-Auswertung.* Wien, Österreich: Facultas Verlags- und Buchhandels AG.

Raffelhüschen, B., & Krieg, O. (2017). *Deutsche Post Glücksatlas 2017.* Abgerufen am 06. November 2017 von Deutsche Post: http://www.gluecksatlas.de/

Raithel, J. (2008). *Quantitative Forschung* (2. Ausg.). Wiesbaden: VS Verlag für Sozialwissenschaften.

Rall, D. H. (2008). Die Akzeptanz des Nationalparks bei der lokalen Bevölkerung. (N. B. Wald, Hrsg.) *Nationalparkheft*(5).

Rasche, H. (14. September 2016). *Landtagswahlen auf Usedom - Die Insel der AfD.* Abgerufen am 05. November 2017 von Rheinische Post: http://www.rp-online.de/politik/landtagswahl-in-mecklenburg-vorpommern-usedom-die-insel-der-afd-aid-1.6257491

Rathke, M. (07. September 2016). *Die Insel der AfD - was bedeutet die Wahl für Usedoms Tourismus?* Abgerufen am 28. Oktober 2017 von Stern: https://www.stern.de/reise/deutschland/usedom--die-insel-der-afd--was-die-wahl-fuer-den-tourismus-bedeutet-7046012.html

Rathke, M. (17. August 2017). *Kreisverkehre sollen die Dauerstaus auf Usedom auflösen.* Abgerufen am 01. September 2017 von neues-deutschland: https://www.neues-deutschland.de/artikel/1060742.kreisverkehre-sollen-die-dauerstaus-auf-usedom-aufloesen.html

Rein, H., & Muthesius, A.-M. (22. August 2017). *Akzeptanz der Anwohner erhalten - Das Konzept "365/24 Berlin" hat ausgedient.* Abgerufen am 1. Dezember 2017 von Tagesspiegel.

Rentsch, G. (1988). Die Akzeptanz eines Schutzgebietes - Untersucht am Beispiel der Einstellung der lokalen Bevölkerung zum Nationalpark Bayerischer Wald. *Münchner Geographische Hefte Nr. 57.*

Ruschkowski, E. v. (2009). *Ursachen und Lösungsansätze für Akzeptanzprobleme von Großschutzgebieten.* Dissertation, Universität Hannover, Hannover.

Sauer, A., Luz, F., Suda, M., & Weiland, U. (2005). *Steigerung der Akzeptanz von FFH-Gebieten* (Bde. BfN-Skripten 144). Bonn: Bundesamt für Naturschutz.

Scherhaufer, P., Höltinger, S., Salak, B., Schauppenlehner, T., & Schmidt, J. (2016). Leitfaden zum Umgang mit der sozialen Akzeptanz von Windkraftanlagen. Wien: Universität für Bodenkultur.

Schnell, R., Hill, P. B., & Esser, E. (2013). *Methoden der empirischen Sozialforschung* (10. Ausg.). Münschen: Oldenbourg Verlag.

Sieberath, J. (2007). *Die Akzeptanz des Nationalparks Eifel bei der lokalen Bevölkerung - Eine empirische Untersuchung zur Verankerung eines Großschutzgebietes in der Region.* Geographie. Bonn: Bundesamt für Naturschutz (BfN).

Spanhel, H. (12. September 2016). *Warum auf Usedom fast jeder Dritte rechts wählte.* Abgerufen am 06. November 2017 von Stuttgarter Zeitung: http://www.stuttgarter-zeitung.de/inhalt.ferieninsel-usedom-vergessener-nordosten.0ba9054e-eef1-4813-9ff7-3d8b262902da.html

Statista. (2017). *Gästezahlen Usedom 2016.* Abgerufen am 12. November 2017 von https://de.statista.com/statistik/daten/studie/532932/umfrage/a

nkuenfte-und-uebernachtungen-auf-usedom-nach-BesucherInnenherkunft/
Statistisches Amt Mecklenburg-Vorpommern. (2015). *Wanderungen in Mecklenburg-Vorpommern*. Abgerufen am 06. November 2017 von https://www.laiv-mv.de/static/LAIV/Abt4.Statistisches%20Amt/Dateien/Publikationen/A%20III%20Wanderungen/A%20313%20J/A313J%202015%2000.pdf
Statistisches Amt Mecklenburg-Vorpommern. (o.D.). *Urlaub ist unsere Natur*. Abgerufen am 25. Oktober 2017 von http://www.mecklenburg-vorpommern.de/wirtschaft-arbeit/tourismus/
Stoll, S. (1999). Akzeptanzprobleme bei der Ausweisung von Großschutzgebieten: Ursachenanalyse und Ansätze zu Handlungsstrategien. *Europäische Hoschulschriften , 24*.
Tourismusverband Mecklenburg-Vorpommern. (30. Dezember 2016). *Meck-Pomm in Zahlen: Bilanz des Jahres 2016*. Abgerufen am 25. Oktober 2017 von Tourismusverband MV: http://www.urlaubsnachrichten.de/2016/12/30/meck-pomm-in-zahlen-bilanz-des-jahres-2016/
Ullrich, C. (2008). *Die Akzeptanz des Wohlfahrtsstaates*. Wiesbaden: VS Verlag für Sozialwissenschaften.
Usedom Guide. (o.D.). *Ein bisschen Statistik*. Abgerufen am 26. Oktober 2017 von http://www.usedom-guide.de/artikel/ein-bisschen-statistik
Usedom Tourismus GmbH. (o.D.). *Statistik 2015*. Abgerufen am 01. Feburar 2017 von http://b2b.usedom.de/wp-content/uploads/2016/03/Reisevekehrsstatistik-Dezember-2015-f%C3%BCr-TN.pdf
Visit Bratislava. (29. November 2017). *Öffentliche Verkehrsmittel*. Von Visit Bratislava: https://www.visitbratislava.com/de/informationen/offentliche-verkehrsmittel/ abgerufen
Vogelsang, K., Steinhüser, M., & Hoppe, U. (o.J.). *Theorieentwicklung in der Akzeptanzforschung: Entwicklung eines Modells auf Basis einer qualitativen Studie*. Institut für Organisation und Wirtschaftsinformatik. Osnabrück: Universität Osnabrück.
Voigt, S. (25. September 2017). *In diesen Orten erreichten die Parteien ihre Spitzenwerte*. Abgerufen am 05. November 2017 von Nordkurier: https://www.nordkurier.de/mecklenburg-vorpommern/in-diesen-orten-erreichten-die-parteien-ihre-spitzenwerte-2529959409.html

Wübbenhorst, K. (o.D.). *Gabler Wirtschaftslexikon*. (S. G. Verlag, Herausgeber) Abgerufen am 24. Oktober 2017 von http://wirtschaftslexikon.gabler.de/Definition/interview.html

Weiß, M. (1998). Kaputtgeschützt? Zur Kontroverse um die Erweiterung des Nationalparks Bayerischer Wald. *Geopgraphische Rundschau 50, H. 9*, 522-527.

Welker, M., Werner, A., & Scholz, J. (2005). *Online-Research* (1. Auflage Ausg.). Heidelberg: dpunkt.verlag GmbH.

Wurlitzer, B. (2004). *Mecklenburg-Vorpommern* (5. Ausg.). Köln: DuMont Reiseverlag.

Anhang

Anhang I: Der Fragebogen

Liebe Usedomer und Usedomerinnen,

mein Name ist Raphaele Potts. Ich bin Studentin des Masterstudienganges Nachhaltiges Tourismusmanagement an der Hochschule für nachhaltige Entwicklung in Eberswalde, Brandenburg. Im Rahmen meiner Abschlussarbeit beschäftige ich mich mit der Zufriedenheit der Usedomer mit dem Tourismus auf ihrer Insel. Hierzu führe ich eine Umfrage durch. **Dieser Fragebogen richtet sich ausschließlich an die Einwohner der Insel Usedom.** Ich würde mich freuen, wenn Sie sich **6 Minuten** Zeit nehmen könnten, um meine Fragen zu beantworten. Ihre Meinung ist mir sehr wichtig.

Selbstverständlich werden alle Ihre Angaben vertraulich behandelt und die Umfrage bleibt **anonym**.

Bei Rückfragen und Verständnisproblemen können Sie mich gerne kontaktieren (E-Mail: raphaelepotts@gmail.com). Ebenso freue ich mich über Anregungen, Fragen und Feedback.

Vielen Dank für Ihre Mithilfe!

Mit freundlichen Grüßen
Raphaele Potts

* 1. Kommen Sie gebürtig von Usedom?

◯ Ja ◯ Nein

2. Wenn nein, seit wann leben Sie auf Usedom?

[ ] Jahre

* 3. Befindet sich Ihr Hauptwohnsitz auf Usedom?

◯ Ja ◯ Nein

* 4. Leben Sie gerne auf Usedom

Bewerten Sie hier nach Schulnoten: 1: Sehr gerne, 6: Überhaupt nicht gerne

1	2	3	4	5	6
◯	◯	◯	◯	◯	◯

Begründen Sie Ihre Antwort. (optional)

* 5. Würden Sie Usedom weiterempfehlen?

- [ ] Ja, als Wohnstandort
- [ ] Ja, als Tourismusregion
- [ ] Nein

*** 6. Inwieweit würden Sie folgenden Aussagen zustimmen?**

	Stimme zu	Stimme eher zu	Stimme eher nicht zu	Stimme nicht zu
Ich freue mich, dass viele Besucher/innen nach Usedom kommen.	○	○	○	○
Es sollten in Zukunft mehr Besucher/innen nach Usedom kommen.	○	○	○	○
Die Bewohner/innen von Usedom sind dem Tourismus gegenüber positiv eingestellt.	○	○	○	○
Der Tourismus bietet viele Arbeitsplätze für die lokale Bevölkerung.	○	○	○	○
Das Lohnniveau in touristischen Berufen auf Usedom ist gut.	○	○	○	○
Es gibt ausreichend bezahlbaren Wohnraum auf Usedom.	○	○	○	○
Das touristische Angebot sollte weiter ausgebaut werden.	○	○	○	○
Vom Tourismus auf Usedom profitiert der Großteil der Bevölkerung.	○	○	○	○
Ich nutze das touristische Freizeitangebot auch selbst.	○	○	○	○

Der öffentliche Nahverkehr ist ausreichend ausgebaut.	○	○	○	○
Es kommen bereits zu viele Besucher auf die Insel.	○	○	○	○
Der Tourismus verschärft das Verkehrsproblem auf Usedom.	○	○	○	○
Ich fühle mich durch den Tourismus in meinem Alltag eingeschränkt.	○	○	○	○
Usedom muss mehr Anreize für die lokale Bevölkerung schaffen, um die Zufriedenheit zu steigern.	○	○	○	○
Es gibt viele Gastarbeiter/innen im Tourismus.	○	○	○	○
Es gibt mehr Angebote für Besucher/innen als für die lokale Bevölkerung. (z.B. Souvenirläden etc.)	○	○	○	○

* 7. Sind Sie im Bereich Tourismus beruflich tätig oder bieten Sie touristische Leistungen an (z.B. Ferienwohnungen, - Zimmer)?

○ Ja, ganzjährig Vollzeit

○ Ja, ganzjährig Teilzeit

○ Ja, aber nur saisonal von/bis (bitte eingeben)

○ Nein

* 8. Sind Sie vom Tourismus abhängig?

○ Ja ○ Nein

* 9. Fühlen Sie sich in Entscheidungen, die den Tourismus betreffen (auf Gemeindeebene), in ausreichender Form einbezogen?

○ Ja, sehr

○ Ja, eher

○ Eher nicht

○ Gar nicht

○ Ist mir auch nicht wichtig

* 10. Beeinflusst Sie persönlich der Tourismus auf Usedom in positiver oder negativer Weise?

○ Ja, positiv, weil:

○ Ja, negativ, weil:

○ Nein

* **11. Sind Sie der Meinung, dass auf der Insel Ihre sonstigen (nicht touristischen) Interessen als Bewohner von Usedom ausreichend berücksichtigt werden?**

- ○ Ja, immer
- ○ Ja, meistens
- ○ Eher nicht
- ○ Gar nicht
- ○ Ist mir nicht wichtig

* **12. Für wie wichtig halten Sie die nachfolgend genannten verschiedenen politischen Aufgabenbereiche?**

	Sehr wichtig	Eher wichtig	Weniger wichtig	Unwichtig
Tourismus weiter fördern	○	○	○	○
Mehr sichere Jobs im Tourismus schaffen	○	○	○	○
Wirtschaft ankurbeln	○	○	○	○
Renten sichern	○	○	○	○
Arbeitslosigkeit bekämpfen	○	○	○	○
Für soziale Gerechtigkeit sorgen	○	○	○	○
Bildungsangebote verbessern	○	○	○	○
Strukturschwache Regionen stärken	○	○	○	○
Jährliche Obergrenze für Asylsuchende festlegen	○	○	○	○
Erneuerbare Energien ausbauen	○	○	○	○
Ökologische Landwirtschaft fördern	○	○	○	○
Projekte gegen Rechtsextremismus fördern	○	○	○	○

13. Welche Veränderungen/Umsetzungen wünschen Sie sich im Allgemeinen in Bezug auf die Insel Usedom?

Optional

* **Bitte wählen Sie Ihre Altersgruppe aus.**

- ◯ 18-30 Jahre
- ◯ 31-40 Jahre
- ◯ 41-50 Jahre
- ◯ 51-60 Jahre
- ◯ 61-70 Jahre
- ◯ > 71 Jahre

* **Bitte geben Sie Ihr Geschlecht an.**

- ◯ weiblich
- ◯ männlich
- ◯ keine Angabe

* **Sind Sie zurzeit erwerbstätig?**

Jede bezahlte bzw. mit Einkommen verbundene Tätigkeit

- ○ selbstständig
- ○ angestellt
- ○ nicht erwerbstätig
- ○ Rentner/in
- ○ berufliche Ausbildung/ Lehre
- ○ Student/ Schüler
- ○ Sonstige [ ]

Sind Sie Mitglied einer Gruppe oder Bürgerinitiative,

○ Ja, und zwar [ ] ○ Nein

Vielen herzlichen Dank für die Beantwortung der Fragen!

Viele Grüße und einen schönen Tag wünsche ich Ihnen!

Anhang II: Verbreitung des Fragebogens

Facebook Gruppen

Gruppen in die der Fragebogen gepostet werden konnte:

- *„Wohnungsbörse Insel Usedom"*: 1602 Mitglieder
- *„Fischköppe – Insel Usedom"*: 1008 Mitglieder
- *„Insel Usedom ist die beste Insel Deutschlands"*: 370 Mitglieder
- *„kaufen, tauschen und verschenken Insel Usedom und Umgebung"*: 5847 Mitglieder
- *„Gutes Essen auf Usedom/ Angebote"*: 1075 Mitglieder
- *„Schmusedom News"*: 5627 Abonnenten

Xing Gruppe

- *„Usedom – die sonnenreichste Insel Deutschlands“*: 493 Mitglieder

Anhang III: Auswertungen des Fragebogens

Tabelle: Ergebnisse Frage 6 (n=107)

Bewertung 1	Stimme zu	Stimme eher zu	Stimme eher nicht zu	Stimme nicht zu
Ich freue mich, dass viele Besucher/innen nach Usedom kommen.	21.50%	36.45%	37.38%	4.67%
Es sollten in Zukunft mehr Besucher/innen nach Usedom kommen.	7.48%	7.48%	28.97%	56.07%
Die Bewohner/innen von Usedom sind dem Tourismus gegenüber positiv eingestellt.	8.41%	50.47%	33.64%	7.48%
Der Tourismus bietet viele Arbeitsplätze für die lokale Bevölkerung.	37.38%	36.45%	21.50%	4.67%
Das Lohnniveau in touristischen Berufen auf Usedom ist gut.	2.80%	5.61%	21.50%	70.09%
Es gibt ausreichend bezahlbaren Wohnraum auf Usedom.	0.93%	0.93%	27.10%	71.03%
Das touristische Angebot sollte weiter ausgebaut werden.	14.95%	17.76%	27.10%	40.19%
Vom Tourismus auf Usedom profitiert der Großteil der Bevölkerung.	13.08%	34.58%	34.58%	17.76%
Ich nutze das touristische Freizeitangebot auch selbst.	10.28%	23.36%	42.99%	23.36%
Der öffentliche Nahverkehr ist ausreichend ausgebaut.	2.80%	16.82%	33.64%	46.73%
Es kommen bereits zu viele Besucher auf die Insel.	65.42%	24.30%	6.54%	3.74%
Der Tourismus verschärft das Verkehrsproblem auf Usedom.	93.46%	5.61%	0.00%	0.93%
Ich fühle mich durch den Tourismus in meinem Alltag eingeschränkt.	49.53%	32.71%	13.08%	4.67%
Usedom muss mehr Anreize für die lokale Bevölkerung schaffen, um die Zufriedenheit zu steigern.	68.22%	24.30%	7.48%	0.00%
Es gibt viele Gastarbeiter/innen im Tourismus.	43.93%	42.99%	13.08%	0.00%
Es gibt mehr Angebote für Besucher/innen als für die lokale Bevölkerung. (z.B. Souvenirläden etc.)	59.81%	29.91%	10.28%	0.00%

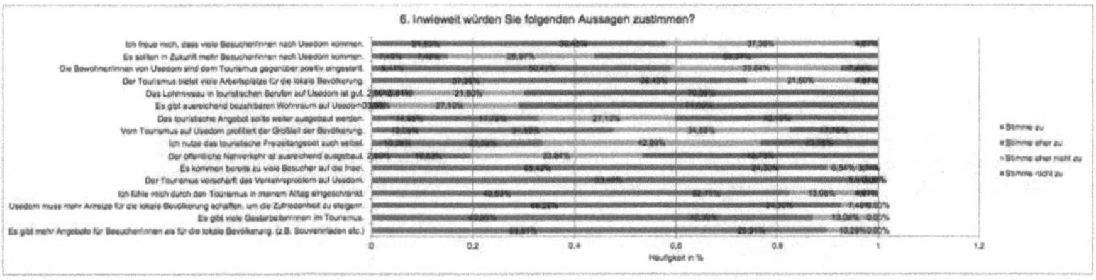

Abbildung: Ergebnisse Frage 6: n=107

Tabelle: Ergebnisse Frage 6 der weiblichen TeilnehmerInnen (n=67)

Bewertung 1	Stimme zu	Stimme eher zu	Stimme eher nicht zu	Stimme nicht zu
Ich freue mich, dass viele Besucher/innen nach Usedom kommen.	17.91%	37.31%	41.79%	2.99%
Es sollten in Zukunft mehr Besucher/innen nach Usedom kommen.	2.99%	8.96%	32.84%	55.22%
Die Bewohner/innen von Usedom sind dem Tourismus gegenüber positiv eingestellt.	8.96%	47.76%	38.81%	4.48%
Der Tourismus bietet viele Arbeitsplätze für die lokale Bevölkerung.	37.31%	40.30%	17.91%	4.48%
Das Lohnniveau in touristischen Berufen auf Usedom ist gut.	0.00%	4.48%	26.87%	68.66%
Es gibt ausreichend bezahlbaren Wohnraum auf Usedom.	0.00%	1.49%	23.88%	74.63%
Das touristische Angebot sollte weiter ausgebaut werden.	13.43%	19.40%	25.37%	41.79%
Vom Tourismus auf Usedom profitiert der Großteil der Bevölkerung.	8.96%	44.78%	34.33%	11.94%
Ich nutze das touristische Freizeitangebot auch selbst.	5.97%	23.88%	41.79%	28.36%
Der öffentliche Nahverkehr ist ausreichend ausgebaut.	2.99%	17.91%	28.36%	50.75%
Es kommen bereits zu viele Besucher auf die Insel.	65.67%	25.37%	7.46%	1.49%
Der Tourismus verschärft das Verkehrsproblem auf Usedom.	91.04%	7.46%	0.00%	1.49%
Ich fühle mich durch den Tourismus in meinem Alltag eingeschränkt.	50.75%	29.85%	14.93%	4.48%
Usedom muss mehr Anreize für die lokale Bevölkerung schaffen, um die Zufriedenheit zu steigern.	67.16%	25.37%	7.46%	0.00%
Es gibt viele Gastarbeiter/innen im Tourismus.	47.76%	37.31%	14.93%	0.00%
Es gibt mehr Angebote für Besucher/innen als für die lokale Bevölkerung. (z.B. Souvenirläden etc.)	67.16%	25.37%	7.46%	0.00%

Tabelle: Ergebnisse Frage 6 der männlichen TeilnehmerInnen (n=40)

Bewertung 1	Stimme zu	Stimme eher zu	Stimme eher nicht zu	Stimme nicht zu
Ich freue mich, dass viele Besucher/innen nach Usedom kommen.	27.50%	35.00%	30.00%	7.50%
Es sollten in Zukunft mehr Besucher/innen nach Usedom kommen.	15.00%	5.00%	22.50%	57.50%
Die Bewohner/innen von Usedom sind dem Tourismus gegenüber positiv eingestellt.	7.50%	55.00%	25.00%	12.50%
Der Tourismus bietet viele Arbeitsplätze für die lokale Bevölkerung.	37.50%	30.00%	27.50%	5.00%
Das Lohnniveau in touristischen Berufen auf Usedom ist gut.	7.50%	7.50%	12.50%	72.50%
Es gibt ausreichend bezahlbaren Wohnraum auf Usedom.	2.50%	0.00%	32.50%	65.00%
Das touristische Angebot sollte weiter ausgebaut werden.	17.50%	15.00%	30.00%	37.50%
Vom Tourismus auf Usedom profitiert der Großteil der Bevölkerung.	20.00%	17.50%	35.00%	27.50%
Ich nutze das touristische Freizeitangebot auch selbst.	17.50%	22.50%	45.00%	15.00%
Der öffentliche Nahverkehr ist ausreichend ausgebaut.	2.50%	15.00%	42.50%	40.00%
Es kommen bereits zu viele Besucher auf die Insel.	65.00%	22.50%	5.00%	7.50%
Der Tourismus verschärft das Verkehrsproblem auf Usedom.	97.50%	2.50%	0.00%	0.00%
Ich fühle mich durch den Tourismus in meinem Alltag eingeschränkt.	47.50%	37.50%	10.00%	5.00%
Usedom muss mehr Anreize für die lokale Bevölkerung schaffen, um die Zufriedenheit zu steigern.	70.00%	22.50%	7.50%	0.00%
Es gibt viele Gastarbeiter/innen im Tourismus.	37.50%	52.50%	10.00%	0.00%
Es gibt mehr Angebote für Besucher/innen als für die lokale Bevölkerung. (z.B. Souvenirläden etc.)	47.50%	37.50%	15.00%	0.00%

Tabelle: Ergebnisse Frage 6 der Altersgruppe 18-30 (n=28)

Bewertung 1	Stimme zu	Stimme eher zu	Stimme eher nicht zu	Stimme nicht zu
Ich freue mich, dass viele Besucher/innen nach Usedom kommen.	3.57%	50.00%	39.29%	7.14%
Es sollten in Zukunft mehr Besucher/innen nach Usedom kommen.	0.00%	7.14%	17.86%	75.00%
Die Bewohner/innen von Usedom sind dem Tourismus gegenüber positiv eingestellt.	0.00%	35.71%	42.86%	21.43%
Der Tourismus bietet viele Arbeitsplätze für die lokale Bevölkerung.	32.14%	39.29%	17.86%	10.71%
Das Lohnniveau in touristischen Berufen auf Usedom ist gut.	3.57%	0.00%	7.14%	89.29%
Es gibt ausreichend bezahlbaren Wohnraum auf Usedom.	0.00%	0.00%	21.43%	78.57%
Das touristische Angebot sollte weiter ausgebaut werden.	0.00%	7.14%	28.57%	64.29%
Vom Tourismus auf Usedom profitiert der Großteil der Bevölkerung.	3.57%	28.57%	53.57%	14.29%
Ich nutze das touristische Freizeitangebot auch selbst.	3.57%	21.43%	42.86%	32.14%
Der öffentliche Nahverkehr ist ausreichend ausgebaut.	7.14%	14.29%	25.00%	53.57%
Es kommen bereits zu viele Besucher auf die Insel.	78.57%	21.43%	0.00%	0.00%
Der Tourismus verschärft das Verkehrsproblem auf Usedom.	92.86%	7.14%	0.00%	0.00%
Ich fühle mich durch den Tourismus in meinem Alltag eingeschränkt.	75.00%	17.86%	7.14%	0.00%
Usedom muss mehr Anreize für die lokale Bevölkerung schaffen, um die Zufriedenheit zu steigern.	67.86%	25.00%	7.14%	0.00%
Es gibt viele Gastarbeiter/innen im Tourismus.	46.43%	39.29%	14.29%	0.00%
Es gibt mehr Angebote für Besucher/innen als für die lokale Bevölkerung. (z.B. Souvenirläden etc.)	82.14%	10.71%	7.14%	0.00%

Tabelle: Ergebnisse Frage 6 der Altersgruppe 31-40 (n=33)

Bewertung 1	Stimme zu	Stimme eher zu	Stimme eher nicht zu	Stimme nicht zu
Ich freue mich, dass viele Besucher/innen nach Usedom kommen.	18.18%	36.36%	42.42%	3.03%
Es sollten in Zukunft mehr Besucher/innen nach Usedom kommen.	3.03%	6.06%	39.39%	51.52%
Die Bewohner/innen von Usedom sind dem Tourismus gegenüber positiv eingestellt.	3.03%	48.48%	45.45%	3.03%
Der Tourismus bietet viele Arbeitsplätze für die lokale Bevölkerung.	30.30%	27.27%	36.36%	6.06%
Das Lohnniveau in touristischen Berufen auf Usedom ist gut.	0.00%	3.03%	21.21%	75.76%
Es gibt ausreichend bezahlbaren Wohnraum auf Usedom.	0.00%	0.00%	21.21%	78.79%
Das touristische Angebot sollte weiter ausgebaut werden.	21.21%	18.18%	24.24%	36.36%
Vom Tourismus auf Usedom profitiert der Großteil der Bevölkerung.	12.12%	27.27%	33.33%	27.27%
Ich nutze das touristische Freizeitangebot auch selbst.	6.06%	21.21%	54.55%	18.18%
Der öffentliche Nahverkehr ist ausreichend ausgebaut.	0.00%	12.12%	42.42%	45.45%
Es kommen bereits zu viele Besucher auf die Insel.	60.61%	27.27%	9.09%	3.03%
Der Tourismus verschärft das Verkehrsproblem auf Usedom.	96.97%	3.03%	0.00%	0.00%
Ich fühle mich durch den Tourismus in meinem Alltag eingeschränkt.	48.48%	45.45%	6.06%	0.00%
Usedom muss mehr Anreize für die lokale Bevölkerung schaffen, um die Zufriedenheit zu steigern.	78.79%	15.15%	6.06%	0.00%
Es gibt viele Gastarbeiter/innen im Tourismus.	45.45%	45.45%	9.09%	0.00%
Es gibt mehr Angebote für Besucher/innen als für die lokale Bevölkerung. (z.B. Souvenirläden etc.)	63.64%	36.36%	0.00%	0.00%

Tabelle: Ergebnisse Frage 6 der Altersgruppe 41-50 (n=20)

Bewertung 1	Stimme zu	Stimme eher zu	Stimme eher nicht zu	Stimme nicht zu
Ich freue mich, dass viele Besucher/innen nach Usedom kommen.	30.00%	45.00%	15.00%	10.00%
Es sollten in Zukunft mehr Besucher/innen nach Usedom kommen.	15.00%	20.00%	20.00%	45.00%
Die Bewohner/innen von Usedom sind dem Tourismus gegenüber positiv eingestellt.	20.00%	55.00%	20.00%	5.00%
Der Tourismus bietet viele Arbeitsplätze für die lokale Bevölkerung.	50.00%	30.00%	20.00%	0.00%
Das Lohnniveau in touristischen Berufen auf Usedom ist gut.	5.00%	10.00%	25.00%	60.00%
Es gibt ausreichend bezahlbaren Wohnraum auf Usedom.	5.00%	5.00%	25.00%	65.00%
Das touristische Angebot sollte weiter ausgebaut werden.	25.00%	15.00%	35.00%	25.00%
Vom Tourismus auf Usedom profitiert der Großteil der Bevölkerung.	15.00%	35.00%	25.00%	25.00%
Ich nutze das touristische Freizeitangebot auch selbst.	30.00%	15.00%	20.00%	35.00%
Der öffentliche Nahverkehr ist ausreichend ausgebaut.	0.00%	25.00%	20.00%	55.00%
Es kommen bereits zu viele Besucher auf die Insel.	60.00%	25.00%	5.00%	10.00%
Der Tourismus verschärft das Verkehrsproblem auf Usedom.	95.00%	0.00%	0.00%	5.00%
Ich fühle mich durch den Tourismus in meinem Alltag eingeschränkt.	45.00%	30.00%	20.00%	5.00%
Usedom muss mehr Anreize für die lokale Bevölkerung schaffen, um die Zufriedenheit zu steigern.	65.00%	25.00%	10.00%	0.00%
Es gibt viele Gastarbeiter/innen im Tourismus.	45.00%	40.00%	15.00%	0.00%
Es gibt mehr Angebote für Besucher/innen als für die lokale Bevölkerung. (z.B. Souvenirläden etc.)	50.00%	35.00%	15.00%	0.00%

Tabelle: Ergebnisse Frage 6 der Altersgruppe 51-60 (n=20)

Bewertung 1	Stimme zu	Stimme eher zu	Stimme eher nicht zu	Stimme nicht zu
Ich freue mich, dass viele Besucher/innen nach Usedom kommen.	35.00%	20.00%	45.00%	0.00%
Es sollten in Zukunft mehr Besucher/innen nach Usedom kommen.	10.00%	0.00%	40.00%	50.00%
Die Bewohner/innen von Usedom sind dem Tourismus gegenüber positiv eingestellt.	10.00%	75.00%	15.00%	0.00%
Der Tourismus bietet viele Arbeitsplätze für die lokale Bevölkerung.	35.00%	60.00%	5.00%	0.00%
Das Lohnniveau in touristischen Berufen auf Usedom ist gut.	0.00%	10.00%	35.00%	55.00%
Es gibt ausreichend bezahlbaren Wohnraum auf Usedom.	0.00%	0.00%	45.00%	55.00%
Das touristische Angebot sollte weiter ausgebaut werden.	5.00%	30.00%	25.00%	40.00%
Vom Tourismus auf Usedom profitiert der Großteil der Bevölkerung.	25.00%	45.00%	25.00%	5.00%
Ich nutze das touristische Freizeitangebot auch selbst.	10.00%	25.00%	55.00%	10.00%
Der öffentliche Nahverkehr ist ausreichend ausgebaut.	0.00%	20.00%	45.00%	35.00%
Es kommen bereits zu viele Besucher auf die Insel.	65.00%	20.00%	15.00%	0.00%
Der Tourismus verschärft das Verkehrsproblem auf Usedom.	90.00%	10.00%	0.00%	0.00%
Ich fühle mich durch den Tourismus in meinem Alltag eingeschränkt.	25.00%	45.00%	15.00%	15.00%
Usedom muss mehr Anreize für die lokale Bevölkerung schaffen, um die Zufriedenheit zu steigern.	65.00%	25.00%	10.00%	0.00%
Es gibt viele Gastarbeiter/innen im Tourismus.	35.00%	45.00%	20.00%	0.00%
Es gibt mehr Angebote für Besucher/innen als für die lokale Bevölkerung. (z.B. Souvenirläden etc.)	35.00%	45.00%	20.00%	0.00%

Tabelle: Ergebnisse Frage 6 der Altersgruppe 61-70 (n=6)

Bewertung 1	Stimme zu	Stimme eher zu	Stimme eher nicht zu	Stimme nicht zu
Ich freue mich, dass viele Besucher/innen nach Usedom kommen.	50.00%	0.00%	50.00%	0.00%
Es sollten in Zukunft mehr Besucher/innen nach Usedom kommen.	33.33%	0.00%	16.67%	50.00%
Die Bewohner/innen von Usedom sind dem Tourismus gegenüber positiv eingestellt.	33.33%	33.33%	33.33%	0.00%
Der Tourismus bietet viele Arbeitsplätze für die lokale Bevölkerung.	66.67%	16.67%	16.67%	0.00%
Das Lohnniveau in touristischen Berufen auf Usedom ist gut.	16.67%	16.67%	33.33%	33.33%
Es gibt ausreichend bezahlbaren Wohnraum auf Usedom.	0.00%	0.00%	33.33%	66.67%
Das touristische Angebot sollte weiter ausgebaut werden.	50.00%	33.33%	16.67%	0.00%
Vom Tourismus auf Usedom profitiert der Großteil der Bevölkerung.	16.67%	66.67%	16.67%	0.00%
Ich nutze das touristische Freizeitangebot auch selbst.	0.00%	66.67%	16.67%	16.67%
Der öffentliche Nahverkehr ist ausreichend ausgebaut.	16.67%	16.67%	33.33%	33.33%
Es kommen bereits zu viele Besucher auf die Insel.	50.00%	33.33%	0.00%	16.67%
Der Tourismus verschärft das Verkehrsproblem auf Usedom.	83.33%	16.67%	0.00%	0.00%
Ich fühle mich durch den Tourismus in meinem Alltag eingeschränkt.	33.33%	0.00%	50.00%	16.67%
Usedom muss mehr Anreize für die lokale Bevölkerung schaffen, um die Zufriedenheit zu steigern.	33.33%	66.67%	0.00%	0.00%
Es gibt viele Gastarbeiter/innen im Tourismus.	50.00%	50.00%	0.00%	0.00%
Es gibt mehr Angebote für Besucher/innen als für die lokale Bevölkerung. (z.B. Souvenirläden etc.)	50.00%	16.67%	33.33%	0.00%

Tabelle: Ergebnisse Frage 6 der Gruppe Im Tourismus tätig (n=39)

Bewertung 1	Stimme zu	Stimme eher zu	Stimme eher nicht zu	Stimme nicht zu
Ich freue mich, dass viele Besucher/innen nach Usedom kommen.	25.64%	51.28%	23.08%	0.00%
Es sollten in Zukunft mehr Besucher/innen nach Usedom kommen.	7.69%	5.13%	25.64%	61.54%
Die Bewohner/innen von Usedom sind dem Tourismus gegenüber positiv eingestellt.	7.69%	58.97%	28.21%	5.13%
Der Tourismus bietet viele Arbeitsplätze für die lokale Bevölkerung.	48.72%	30.77%	17.95%	2.56%
Das Lohnniveau in touristischen Berufen auf Usedom ist gut.	7.69%	5.13%	17.95%	69.23%
Es gibt ausreichend bezahlbaren Wohnraum auf Usedom.	2.56%	2.56%	20.51%	74.36%
Das touristische Angebot sollte weiter ausgebaut werden.	23.08%	15.38%	30.77%	30.77%
Vom Tourismus auf Usedom profitiert der Großteil der Bevölkerung.	20.51%	28.21%	33.33%	17.95%
Ich nutze das touristische Freizeitangebot auch selbst.	7.69%	28.21%	35.90%	28.21%
Der öffentliche Nahverkehr ist ausreichend ausgebaut.	2.56%	15.38%	33.33%	48.72%
Es kommen bereits zu viele Besucher auf die Insel.	61.54%	28.21%	5.13%	5.13%
Der Tourismus verschärft das Verkehrsproblem auf Usedom.	94.87%	5.13%	0.00%	0.00%
Ich fühle mich durch den Tourismus in meinem Alltag eingeschränkt.	43.59%	43.59%	5.13%	7.69%
Usedom muss mehr Anreize für die lokale Bevölkerung schaffen, um die Zufriedenheit zu steigern.	74.36%	20.51%	5.13%	0.00%
Es gibt viele Gastarbeiter/innen im Tourismus.	41.03%	41.03%	17.95%	0.00%
Es gibt mehr Angebote für Besucher/innen als für die lokale Bevölkerung. (z.B. Souvenirläden etc.)	56.41%	35.90%	7.69%	0.00%

Tabelle: Ergebnisse Frage 6 der Gruppe nicht im Tourismus tätig (n=50)

Bewertung 1	Stimme zu	Stimme eher zu	Stimme eher nicht zu	Stimme nicht zu
Ich freue mich, dass viele Besucher/innen nach Usedom kommen.	18.00%	26.00%	48.00%	8.00%
Es sollten in Zukunft mehr Besucher/innen nach Usedom kommen.	8.00%	10.00%	28.00%	54.00%
Die Bewohner/innen von Usedom sind dem Tourismus gegenüber positiv eingestellt.	6.00%	42.00%	40.00%	12.00%
Der Tourismus bietet viele Arbeitsplätze für die lokale Bevölkerung.	24.00%	42.00%	26.00%	8.00%
Das Lohnniveau in touristischen Berufen auf Usedom ist gut.	0.00%	6.00%	20.00%	74.00%
Es gibt ausreichend bezahlbaren Wohnraum auf Usedom.	0.00%	0.00%	24.00%	76.00%
Das touristische Angebot sollte weiter ausgebaut werden.	10.00%	20.00%	26.00%	44.00%
Vom Tourismus auf Usedom profitiert der Großteil der Bevölkerung.	8.00%	32.00%	40.00%	20.00%
Ich nutze das touristische Freizeitangebot auch selbst.	12.00%	20.00%	46.00%	22.00%
Der öffentliche Nahverkehr ist ausreichend ausgebaut.	4.00%	18.00%	32.00%	46.00%
Es kommen bereits zu viele Besucher auf die Insel.	68.00%	24.00%	6.00%	2.00%
Der Tourismus verschärft das Verkehrsproblem auf Usedom.	98.00%	2.00%	0.00%	0.00%
Ich fühle mich durch den Tourismus in meinem Alltag eingeschränkt.	58.00%	28.00%	14.00%	0.00%
Usedom muss mehr Anreize für die lokale Bevölkerung schaffen, um die Zufriedenheit zu steigern.	70.00%	22.00%	8.00%	0.00%
Es gibt viele Gastarbeiter/innen im Tourismus.	48.00%	40.00%	12.00%	0.00%
Es gibt mehr Angebote für Besucher/innen als für die lokale Bevölkerung. (z.B. Souvenirläden etc.)	66.00%	24.00%	10.00%	0.00%

Tabelle: Ergebnisse Frage 6 der Gruppe positiv vom Tourismus beeinflusst (n=19)

Bewertung 1	Stimme zu	Stimme eher zu	Stimme eher nicht zu	Stimme nicht zu
Ich freue mich, dass viele Besucher/innen nach Usedom kommen.	52.63%	26.32%	21.05%	0.00%
Es sollten in Zukunft mehr Besucher/innen nach Usedom kommen.	15.79%	10.53%	47.37%	26.32%
Die Bewohner/innen von Usedom sind dem Tourismus gegenüber positiv eingestellt.	15.79%	68.42%	15.79%	0.00%
Der Tourismus bietet viele Arbeitsplätze für die lokale Bevölkerung.	63.16%	26.32%	10.53%	0.00%
Das Lohnniveau in touristischen Berufen auf Usedom ist gut.	0.00%	15.79%	42.11%	42.11%
Es gibt ausreichend bezahlbaren Wohnraum auf Usedom.	0.00%	5.26%	52.63%	42.11%
Das touristische Angebot sollte weiter ausgebaut werden.	15.79%	42.11%	15.79%	26.32%
Vom Tourismus auf Usedom profitiert der Großteil der Bevölkerung.	21.05%	57.89%	21.05%	0.00%
Ich nutze das touristische Freizeitangebot auch selbst.	26.32%	36.84%	26.32%	10.53%
Der öffentliche Nahverkehr ist ausreichend ausgebaut.	0.00%	26.32%	36.84%	36.84%
Es kommen bereits zu viele Besucher auf die Insel.	31.58%	42.11%	21.05%	5.26%
Der Tourismus verschärft das Verkehrsproblem auf Usedom.	78.95%	15.79%	0.00%	5.26%
Ich fühle mich durch den Tourismus in meinem Alltag eingeschränkt.	15.79%	47.37%	26.32%	10.53%
Usedom muss mehr Anreize für die lokale Bevölkerung schaffen, um die Zufriedenheit zu steigern.	47.37%	31.58%	21.05%	0.00%
Es gibt viele Gastarbeiter/innen im Tourismus.	26.32%	57.89%	15.79%	0.00%
Es gibt mehr Angebote für Besucher/innen als für die lokale Bevölkerung. (z.B. Souvenirläden etc.)	26.32%	63.16%	10.53%	0.00%

Tabelle: Ergebnisse Frage 6 der Gruppe negativ vom Tourismus beeinflusst (n=63)

Bewertung 1	Stimme zu	Stimme eher zu	Stimme eher nicht zu	Stimme nicht zu
Ich freue mich, dass viele Besucher/innen nach Usedom kommen.	7.94%	34.92%	49.21%	7.94%
Es sollten in Zukunft mehr Besucher/innen nach Usedom kommen.	3.17%	4.76%	23.81%	68.25%
Die Bewohner/innen von Usedom sind dem Tourismus gegenüber positiv eingestellt.	4.76%	44.44%	38.10%	12.70%
Der Tourismus bietet viele Arbeitsplätze für die lokale Bevölkerung.	25.40%	42.86%	25.40%	6.35%
Das Lohnniveau in touristischen Berufen auf Usedom ist gut.	3.17%	0.00%	11.11%	85.71%
Es gibt ausreichend bezahlbaren Wohnraum auf Usedom.	0.00%	0.00%	20.63%	79.37%
Das touristische Angebot sollte weiter ausgebaut werden.	9.52%	11.11%	28.57%	50.79%
Vom Tourismus auf Usedom profitiert der Großteil der Bevölkerung.	4.76%	30.16%	36.51%	28.57%
Ich nutze das touristische Freizeitangebot auch selbst.	3.17%	19.05%	49.21%	28.57%
Der öffentliche Nahverkehr ist ausreichend ausgebaut.	3.17%	11.11%	28.57%	57.14%
Es kommen bereits zu viele Besucher auf die Insel.	82.54%	14.29%	1.59%	1.59%
Der Tourismus verschärft das Verkehrsproblem auf Usedom.	95.24%	4.76%	0.00%	0.00%
Ich fühle mich durch den Tourismus in meinem Alltag eingeschränkt.	69.84%	23.81%	3.17%	3.17%
Usedom muss mehr Anreize für die lokale Bevölkerung schaffen, um die Zufriedenheit zu steigern.	76.19%	20.63%	3.17%	0.00%
Es gibt viele Gastarbeiter/innen im Tourismus.	52.38%	38.10%	9.52%	0.00%
Es gibt mehr Angebote für Besucher/innen als für die lokale Bevölkerung. (z.B. Souvenirläden etc.)	73.02%	22.22%	4.76%	0.00%

Anhang IV: Deutsche Post Glücksatlas 2017

Mecklenburg-Vorpommern

Lebenszufriedenheit 2017:
6,89 (17. Platz)

Dank des größten Glückszuwachses aller Regionen verlässt Mecklenburg-Vorpommern seine letztjährige Position des Tabellenschlusslichts und erreicht Platz 17. In den Bereichen Wohnen und Freizeit, Gesundheit und Haushaltseinkommen schneidet die Region unterdurchschnittlich ab, in der Kategorie Arbeit hingegen besser als der Durchschnitt.

Zufriedenheitswerte im Vergleich

	Mecklenburg-Vorpommern	Deutschland
Lebenszufriedenheit	6,89	7,07
Arbeit	7,08	7,01
Einkommen	6,38	6,75
Gesundheit	6,31	6,50
Wohnen und Freizeit	7,44	7,61

Indikatoren für hohe Lebenszufriedenheit

+ Höchste regionale Attraktivität von allen Regionen
+ Unterdurchschnittliche Armutsgefährdungsquote
+ Sehr niedrige Leiharbeiterquote

Indikatoren für geringe Lebenszufriedenheit

– Höchste Pflegequote aller Regionen
– Geringstes verfügbares Einkommen aller 19 Regionen
– Sehr hohe Arbeitslosenquote

Mecklenburg-Vorpommern

Lebenszufriedenheit 2017:
6,89 (17. Platz)

Dank des größten Glückszuwachses aller Regionen verlässt Mecklenburg-Vorpommern seine letztjährige Position des Tabellenschlusslichts und erreicht Platz 17. In den Bereichen Wohnen und Freizeit, Gesundheit und Haushaltseinkommen schneidet die Region unterdurchschnittlich ab, in der Kategorie Arbeit hingegen besser als der Durchschnitt.

Zufriedenheitswerte im Vergleich

	Mecklenburg-Vorpommern	Deutschland
Personen in einer Partnerschaft	68,9%	70,2%
Anteil über 65-Jährige	23,0%	21,1%
Anteil der gesundheitlich beeinträchtigten Personen	21,0%	20,2%
Pflegequote	49,1	34,8
verfügbares Einkommen	17.700,0 €	21.583,0 €
relative Armut	13,6%	15,7%
Arbeitslosenquote	9,70%	6,10%
Leiharbeiter	20,3	31,0
Preis für Bauland	54,9 €	155,3 €
regionale Attraktivität	18,8	5,4

Kolibri 360 GmbH
Ferdinand-Jühlke-Straße 7
99095 Erfurt, Deutschland
produktsicherheit@kolibri360.de

Druck:
CPI Druckdienstleistungen GmbH
im Auftrag der
Kolibri 360 GmbH
Ferdinand-Jühlke-Str. 7
99095 Erfurt